KB115911

친절한 강의
대학

원문의 맛 동양고전강의
친절한 강의 대학

발행일 초판1쇄 2017년 8월 23일(丁酉年 戊申月 壬午日) │ **지은이** 우응순
펴낸곳 북드라망 │ **펴낸이** 김현경 │ **주소** 서울시 중구 청파로 464, 101-2206(중림동, 브라운스톤서울)│
전화 02-739-9918 │ **이메일** bookdramang@gmail.com

ISBN 979-11-86851-60-9 04140 979-1186851-45-6(세트) │ 이 도서의 국립중앙도서관 출판시도서목록(CIP)
은 서지정보유통지원시스템 홈페이지(http://seoji.nl.go.kr)와 국가자료공동목록시스템(http://www.nl.go.kr/
kolisnet)에서 이용하실 수 있습니다.(CIP제어번호: CIP2017019679) │ 이 책은 지은이와 북드라망의 독점계약
에 의해 출간되었으므로 무단전재와 무단복제를 금합니다. 잘못 만들어진 책은 서점에서 바꿔 드립니다.

책으로 여는 지혜의 인드라망, 북드라망 **www.bookdramang.com**

원문의 맛
동양고전강의

친절한 강의
대학

우응순 강의

BookDramang
북드라망

머리말

안녕하세요, 여러분, 반갑습니다. 이번 '친절한 강의'는 『대학』입니다. 『대학』 하면? 아! "수신제가치국평천하!"(修身齊家治國平天下) 바로 이 구절이 입에서 나오지요. 오래전에 외워 둔 숙어처럼 『대학』의 팔조목(八條目)을 술술 외우십니다.

　하지만 '수신'(修身)은 어떻게? 이렇게 물으면 시작부터 깜깜해집니다. 누구나 다 그렇습니다. 내가 무슨 정치가도 아니고, '치국·평천하'(治國平天下)는 바라지도 않는다, '수신'(修身), '제가'(齊家)만 됐으면 좋겠다! 아니면 '수신'이라도. 대부분 이렇게 생각하십니다. 하지만 수업이 진행되면서 아! 이게 어디까지 하고, 어디에서 멈출 수 있는 일이 아니구나, 하고 생각이 바뀌실 겁니다. 그냥 일생 동안 해나가야 할 일이구나, 인간으로, 자식으로, 부모로, 선배로, 선생으로, 남편으로, 아내로… 다양한 이름으로 살아가는 것이 인생인데, 나와 내 주변을 반딧불만큼이라도 밝히면서 살 수 있는 유일한 길이 이것이구나, 이렇게 말입니다.

『대학』은 어떤 책인가

『대학』의 주제가 무엇이냐, 한마디로 말해 달라, 이렇게 물으시면 '수신학'(修身學)이라고 하겠습니다. '나'라는 존재에 집중하여, '나의 말과 행동'이 불러오는 파급 효과, 득과 실을 친절하게 알려주는 책이지요.

지금이야 『대학』이 유명하고 관심을 가지신 분들도 많지만, 원래 『대학』은 남송(南宋)의 주자가 '사서'(四書)의 하나로 편집하기 전에는 그 존재가 미미했답니다. 한(漢)대에 편집된 『예기』(禮記) 중의 한 편(篇)으로 그냥 그런 것이 있나 보다 했지요. 『대학』을 『예기』에서 분리시켜 단행본으로 만든 사람은 북송(北宋)의 사마광(司馬光, 1019~1086)입니다. 네, 『자치통감』(資治通鑑)의 그 사마광이지요. 사대부 시대가 열리면서 '수신'과 '치국'의 긴밀한 관계가 강조되면서 『대학』이 주목받게 된 거랍니다. 정호(程顥)·정이(程頤) 형제를 거쳐 주희(朱熹, 1130~1200)에 이르러 『대학』은 '사서'의 하나가 되지요. 그럼 주자에게 『대학』은 어떤 책이었나? 만년에 왕 앞에서 시강(侍講)할 기회가 생겼을 때, 주자가 선택한 책이 바로 『대학』이었답니다. 자신의 학문 수준을 보여 줄 수 있는 천재일우의 기회에 『대학』을? 『시전』(詩傳), 『주역본의』(周易本義) 등등 저서가 많았는데, 예상 외지요. 주자의 『대학』사랑은 이뿐이 아닙니다. 30대에 본격적으로 『대학』연구를 시작해서 임종을 앞둔 병든 몸으로도 계속 수정 작업을 멈추지 않았다고 하니, 『대학』은 주자학의 핵심 텍스트라고 보셔도 되겠네요. 그래서 이번 『대학』강의는 주자 선생님과의 대화이기도 하답니다. 저의 이 강의가 주자가 심취했던 『대학』의 깊은 맛을 조금이라도 전달해 드릴 수 있었으면 합니다.

가만히 보면 '사서' 완독에 뜻을 둔 분들 중에는 『대학』을 만만히 여기는 분들이 계십니다. 『대학』은 가볍게 훑어 보고 빨리 『논어』·『맹자』로 go go! 마음이 급한 거지요. 주자가 '사서'를 『대학』·『논어』·『맹자』·『중용』순으로 읽으라고 한 것은 『대학』의 삼강령·팔조목에 뜻을 세우고 다음 책을 공부하라는 건데, 어쩌다 보니 이렇게 되고 말았네요. '사서'의 프롤로그 정도, 워밍업 테스트로. 유감이지요. 결코 그렇게 읽어서는 안 되는 책이 바로 『대학』이거든요. 그래서 이 책 『친절한 강의 대학』을 읽으시다가 어느 부분이 좀 장황하다 싶을 수도 있을 겁니다. 저의 『대학』을 위한 사랑, 변호라고 생각해 주십시오.

『대학』은 어떻게 읽어야 할까

자, 그럼 『대학』을 어떻게, 어떤 마음으로 읽어야 할까? 우문이군요. 물론 차근차근, 정성을 다해 읽어야겠지요. 하지만 '수신학' 교과서 『대학』은 특별히 더 시간을 들여 꼼꼼히 읽어 나가면서 생각을 많이 깊게 해야 한답니다. '수신'의 과정을 '본'과 '말', '선'과 '후'의 관계로 말하기 때문이지요. '본'과 '선'이 단단하지 못하면 '말', '후'로, 다음 단계로 갈 수가 없지요. 서둘러 될 일이 아니랍니다. 철저히 점검하고 성찰과 반복을 거듭하는 과정이 『대학』의 '수신'이니까요. 여러분이 '수신제가치국평천하'라고 한 단어로 붙여서 말씀하시는 것도 바로 이런 이유입니다. '수신'이 된 후에 '제가'가 가능하다. '제가'가 되면 '치국'은 저절로. '평천하'도 마찬가지지요. 그럼 '수신'은? 네, '격물'(格物), '치지'(致知), '성의'(誠意), '정심'(正心)의 과정이지요. 이렇게 주자는 『대학』을 나의 내면과 외부가 유기적으로 연결된 '수신학' 텍스트로 구성했답니다.

지금 『친절한 강의 대학』의 교재인 『대학장구』(大學章句)는 『예기』의 「대학」과는 문장의 순서가 다릅니다. 일부 첨가된 부분도 있지요. 주자가 '경'(經)과 '전'(傳)으로 재구성하고 '주'(註)를 붙인 거랍니다. '성경'(聖經), '현전'(賢傳)으로 나눈 겁니다. 과감하지요. '경'은 공자의 말을 증자(曾子)가 전술한 것으로 삼강령·팔조목이 들어 있는 주제문이지요. '전'은 증자의 풀이를 증자의 제자가 기록한 것으로 '경'의 주제를 10개로 나누어 해석한 것이지요. 하나의 경문과 열 개의 전문으로 구성되어 있는 것이 주자의 『대학장구』이고, 그것을 따라가면서 내용을 되씹어 보는 것이 『친절한 강의 대학』이라고 보시면 됩니다.

그럼 여기서 삼강령과 팔조목의 관계를 간단히 요약하고 갈까요? 『대학』의 첫 문장은 '명명덕'(明明德), '친민'(親民), '지어지선'(止於至善)

의 삼강령으로 시작됩니다. '명명덕', 자신이 가지고 태어난 밝은 덕을 밝히는 것이 바로 '수신'입니다. 자신이 어떤 존재로 태어났는지, 어떤 존재로 살아가야 하는지를 알고 배우는 과정이지요. 이것이 바로 팔조목 중 '격물'-'치지'-'성의'-'정심'의 과정으로 구체화되어 있답니다. 네, 그렇습니다. '수신'을 어떻게? '격물', '치지', '성의', '정심'으로 하시면 됩니다. 여기서도 '선', '후'가 중요하지요. '격물'을 해야 '치지'가 됩니다. '치지'를 해야만 '성의'가 가능하고 '성의' 이후에 '정심'이 되지요. '친민'(신민新民)은 '수신' 이후의 '제가', '치국', '평천하'로 보셔도 됩니다. '수신'한 '내'가 집안을 원만하게 할 수도, 민심을 얻어 나라를 원만하게 다스릴 수도, 천하를 안정시킬 수도 있겠지요. 『대학』은 이런 내용이 반복해서 나오는 책이고 『친절한 강의 대학』은 이런 내용을 꼼꼼하게 설명한 책이다, 이렇게 보시면 정확합니다.

'경'으로 들어가기 전에 프롤로그에 해당되는 부분을 넣었습니다. 영조의 '어제서'(御製序), 주자의 '대학장구서'(大學章句序), '독대학법'(讀大學法)입니다. 생략할까 했지만 전근대 사회에서 『대학』이 어떤 책이었나, 짐작할 수 있는 자료라 생각해서 간략히 풀어 봤습니다. 물론, 경문부터 읽으셔도 좋습니다. 『대학』은 열다섯 살 무렵 진학하는 '태학'(太學)의 교재였다고도 합니다. 일고여덟 살 무렵부터 『천자문』, 『소학』 등을 통해서 기초교양을 다지고, '태학'에서 『대학』을 교재로 삼아 사회의 구성원이자 지도자가 갖추어야 할 '수신'의 덕목을 집중 학습한 것이지요. 그래서 『대학』을 '대인지학'(大人之學)의 책이라고도 하는 겁니다. 지금도 대학에 진학하면 교양 과목을 수강하지요. 근래에는 교양교육이 더욱 강화되고 있고요. 예나 지금이나 사람다운 사람, 사람을 사람답게 살 수 있게 이끄는 것이 교양교육이니까요.

혹시 책을 읽어 가시다가 중간에 길을 잃은 듯하다, 싶으면 다시 '경'으로 돌아와 주십시오. '명명덕', '친민', '지어지선'의 삼강령을 팔조목으로 밝힌 '경'이 여러분에게 다시 길을 찾아드릴 겁니다. '전'으로 가기 전에 '경' 부분을 두세 번 반복해서 읽으셔도 좋겠지요. 근본을 튼실하게!『대학』의 주제이기도 하니까요. 이 책을 읽으시는 분들이 "아!『대학』이 이런 책이었구나", 해주시면 좋겠습니다.『대학』의 '수신'이 이런 과정이구나, 그래서 '수신학' 교과서라고 하는구나, 라고 해주셔도 좋겠습니다.

이 책은 2016년 겨울 강좌로 진행된『대학』강독을 풀어서 정리한 것입니다. 원고를 정리하다 보니 매서운 칼바람이 불던 12월에 필동 언덕길을 올라와 주신 학인 여러분이 생각납니다. 다시 한번 감사 인사를 전합니다. 고맙습니다. 남산 산책길에 깨봉빌딩 앞을 지나게 되시면 2층 장자방에 들러 주십시오. 차 한잔 대접하고 싶습니다. 산만한 녹취를 푸느라 고생한 고전비평공간 '규문'의 박규창 군에게도 고마움을 전합니다.

차례

머리말 5

프롤로그 —— 13

경 1장 —— 원문 26
　　　　　강의 29

전 1장 —— 원문 61
　　　　　강의 62

전 2장 —— 원문 68
　　　　　강의 69

전 3장 —— 원문 76
　　　　　강의 79

전 4장 —— 원문 94
　　　　　강의 95

전 5장 —— 원문 100
　　　　　강의 101

부 보망장 원문 103
　　　　　강의 105

전 6장 —— 원문 112
　　　　　강의 114

전 7장 —— 원문 124
　　　　　강의 125

전 8장 —— 원문 133
　　　　　강의 135

전 9장 —— 원문 143
　　　　　강의 147

전 10장 —— 원문 166
　　　　　강의 173

친절한 강의
대학

大學之道
在明明德
在親民,在止於至善

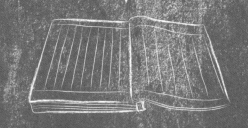

프롤로그

영조대왕어제서

자, 앞에 놓인 교재 『대학』을 펼쳐 볼까요? 얇지만 무게감이 있지요. 첫 장을 넘기자마자 와우! 「영조대왕어제서」(英祖大王御製序)가 나오는군요. 조선 21대 영조(1694~1776) 임금께서 63세에 쓰신 『대학』 서문이랍니다. '사서'(四書) 중에서 오직 『대학』 앞에만 붙어 있는 글인데요, 수준이 대단하답니다. '어제'(御製)는 '군왕이 지은 글'을 말합니다. '말 몰 어'(御)는 어가(御駕), 어고(御庫), 어진(御眞)처럼 군주와 관계된 단어에 붙는 접사로도 쓰인답니다. 임금이 수레를 타고 지나가는 것을 어가행렬(御駕行列)이라고 하지요, 궁궐 안에 있는 임금님의 전용 창고는 어고(御庫)이고, 임금이 직접 지은 글은 '지을 제'(製)를 써서 '어제'가 됩니다. 임금님이 대필시키지 않고 직접 쓴 글은 많지 않답니다.

정조(正祖)를 호학군주(好學君主)라 할 만큼 그 학문 수준이 대단했던 것은 많이 알려져 있지요? 할아버지 영조의 학문도 그 수준이 높았답니다. 영민한 군주였지요. 영화나 드라마에는 아들 사도세자를 죽음으로 내몬 냉정한 아버지로 그려져 있지만요. '어제서'의 내용을 간략히 말씀드리고 넘어가겠습니다.

영조는 사서 중에서『대학』과『중용』이 표리관계라고 하면서 '명덕'(明德)이 어디에 있는가, '명명덕'(明明德)의 공부가 어디에 있는가 묻고는 모두 '나의 일심'[我一心]에 있다고 합니다. 모든 사람이 '명덕'을 가지고 태어났다는 것을 확실하게 알고 '명덕'을 밝히는 공부를 해나가야 한다는 것이 영조가 파악한『대학』의 핵심이지요. 문제는? 모두 그렇게 꾸준히 하기가 어렵다는 거지요. 격하게 공감하시는군요. 여기서 영조는 주자의 '독대학법'의 구절을 인용합니다. '책 따로 나 따로'! ― '서자서 아자아'(書自書 我自我), 이게 문제라는 거지요. 책과 내가 따로 놀면 암만 읽어도 소용이 없지요. 낑낑대며 어려운 책을 읽었어요, 그런데 마지막 페이지를 덮은 후에 나는 여전히 이전의 '나'예요. 책과 내가 물과 기름처럼 분리되어 둥둥 뜨는 것이죠. 이걸 뭐라 하는가? '책 따로 나 따로'! 영조는 19세에 처음『대학』을 읽고 29세에 태학(太學)에 입학하여 다시 읽었지만 여전히 책은 책이고 나는 나인 수준을 벗어나지 못했다고 합니다. 솔직한 고백이지요. 63세에 성균관 명륜당에 행차하여 시강관(侍講官)과 유생들과 함께 여러 차례『대학』을 외운 후에 이 서문을 쓰게 되었다고 하네요.

성의(誠意)·정심(正心)의 공부가 없고 수신(修身)·제가(齊家)도 부족한 채로 늙어 가면서 『대학』을 강(講)하는 자신이 부끄럽다고 하시는데, 참 듣는 우리가 민망해지는군요. 뭐, 이제부터 마음을 다잡고 차근차근 읽어 나가면 되지요.

대학집주장구서

다음은 「대학집주장구서」(大學集註章句序)가 나오네요. 1189년, 주자가 60세에 쓴 서문이지요. 주자는 43세(1172년)에 『대학장구』 초고를 완성했습니다. 무려 17년 동안이나 고치고 고쳐서 이때에야 서문을 쓰게 된 겁니다. 어떠세요, 주자의 공력(功力)이 느껴지시나요? 이 글도 간략히 보겠습니다. 주자는 『대학』을 옛날에 나라에서 세운 '태학'(太學)이라는 교육기관에서 가르치던 교재라고 합니다. 하(夏)·은(殷)·주(周) 삼대(三代)에 도성부터 마을에 이르기까지 곳곳에 학교가 있었는데 여덟 살이 되면 왕공부터 서인의 자제(子弟)들이 모두 '소학'(小學)에 들어갔다고 해요. 요새로 보면 초등학교에 일제히 입학한 거지요. 거기서 무얼 배웠느냐? 사회 구성원으로 살아가는 데 필요한 기초교양이지요. 구체적으로 무얼까요? 쇄소응대진퇴(灑掃應對進退)의 예절과 예악사어서수(禮樂射御書數)의 육예(六藝)를 배웠다고 하네요. 주자가 생각하는 삼대의 이상적 교육제도이지요. 정말 그랬나요? 이렇게 물으시면 곤란하답니다. 확인할 길이 없으니까요. 다만 『서경』(書經) 「요전」(堯典)을 보면 순(舜) 임금이 '설'(契)을 '사도'(司徒)로 삼아 백성들에게 '오품'(五品)을 가르치게 했다고 해요. '오품'은 오륜(五倫)으로 군신, 부자, 부부, 장유, 붕우의 관계를 말하지요. 그러니까 '설'은 동양 최초의 교육부장관이지요. 맹자도 '상'(庠)과 '서'(序)와 같은 학교에서 부모님께 효도하고 웃어른을 공경하는 효제(孝悌)를 가르친다면 반백의 노인이 길에서 무거운 짐을 지거나 이고 다닐 일이 없을 거라고 해요(「양혜왕」상). 유가의 교화론(敎化論)은 모든 백성에게 오륜의 도리를 가르쳐 인간다운 삶을 살 수 있게 이끄는 것이지요. 주자의 교육관도 모든 사람이 가지고 태어난 인의예지(仁義禮智)의 '성'(性)을 알고 실천할 수 있게 도와주는 겁니다.

그럼 '소학'의 커리큘럼을 볼까요? '쇄소'는 물 뿌리고 비질하면서 청소하는 것이고, '응대'는 어른들께 인사하고 물으시면 대답하는 것이지요. 예전에는 청소 시간이 되면 물 뿌리기부터 했잖아요. '뿌릴 쇄'(灑), '쓸 소'(掃), 한쪽에서 물을 뿌리면 이어서 빗자루를 들었지요. 물론 청소시간마다 빗자루 들고 옆 교실에 가서 수다 떨고 오는 밉상들도 있었지요.^^ '진퇴'는 예(禮)에 맞게 나아가고 물러나는 법을 배우는 것입니다. 어른들이 부르시면 "네에~"하고 바로 뛰어갔지요. 이런 일상생활의 기초교육은 예나 지금이나 필요한데, 지금은 꿈같은 소리가 되었네요. 너는 책상에서 꼼짝 말고 공부만 하라고 하면서 물까지 떠다 바치니, 원, 아니 언제부터 엄마가 아이 심부름을 하게 되었나요?

'육예'는 지배층 남성의 교양 덕목인데, 여기서는 '서인'(庶人)의 자제까지 익히는 것으로 되어 있군요. 사회생활에 필요한 여섯 가지 필수교양을 볼까요? 예의[禮]와 음악[樂], 활쏘기[射]와 말 타기[御], 글쓰기[書]와 계산 능력[數]입니다. 특히 '서'와 '수'는 실무에 필요하지요. 글자를 알아야 문서를 작성하고 세금을 받을 수 있고, 공사를 진행하려면 숫자를 다룰 줄 알아야 하잖아요. 활 쏘고 말 모는 기술은 평소에 꾸준히 갈고닦아 동류들과 겨루기도 하고 유사시에는 전쟁에도 나가야겠지요. 운전면허와 각종 생활 스포츠라고 보시면 되겠네요. 걷기, 조기 축구, 골프? '예'와 '악'은 문화적 동질감, 소속감을 유지하는 데 중요하지요. 생활습관, 라이프 스타일을 공유해야만 유대감이 생기잖아요. 자연스럽게. 요새 전 국민을 대상으로 하는 의무교육의 목표도 '민주시민 양성' 아닌가요?

주자의 설계도대로 하면 7년간의 '소학' 기간을 마친 후에야 '태학'에 입학할 자격이 생깁니다. 그런데 15세 무렵에 입학하는 '태학'에는 신분에 따른 자격 조건이 붙습니다. 천자의 아들은 맏아들(원자元子)과 그 외의 아들들[衆子], 서자(庶子)를 포함해서 모두 됩니다. 공경(公卿)·대부(大夫)·원사(元士)는 적자(嫡子)만 됩니다. 평민층은 준수(俊秀)한, 똑똑한 아이만 가능하다네요. 신분제 사회는 이런 것이지요. 신분에 따라 해야 할 일과 할 수 있고 없는 일들이 촘촘히 정해져 있답니다. 그럼 '태학'에서는 무엇을 가르쳤는가? 바로 『대학』

에 나오는 내용이지요. 주자는 이것을 궁리(窮理)·정심(正心)·수기(修己)·치인(治人)의 도리로 정리했습니다. 팔조목의 '격물'·'치지'를 '궁리'로 보고, '성의'는 '정심'에 포함시켰군요. 나라와 백성을 이끌어 갈 지도자가 학습하고 체득해야 할 덕목들입니다. 우리가 공부할 『대학』의 내용이지요.

주자는 주(周) 왕조가 쇠미해지면서 성현의 덕을 갖춘 군주가 나오지 않고 학교도 폐해졌다고 합니다. 교화(敎化)가 사라진 시대에는 공자와 같은 성인일지라도 덕에 걸맞은 자리에 올라 정교(政敎)를 행할 수 없지요. 무도(無道)한 세상은 그렇지요. 이런 상황에서 공자는 자신이 잘할 수 있는 일을 하셨지요. 바로 공부! 책 읽고 생각하고 제자를 가르치는 일입니다. 그 결과 제자가 3천여 명에 이르렀지요. 대단하지요. 그런데 오직 증자(曾子)만이 그 종지(宗旨)를 얻어 '전의'(傳義)를 지어 그 뜻을 밝히게 되었습니다. 여기서 주자가 말하는 '전의'는 공자의 뜻을 밝힌 『대학』을 말합니다. 하지만 맹자의 사후에 공자의 학문은 단절되었고, 『대학』은 남았지만 그 뜻을 아는 사람은 없게 되었다고 합니다. 전해지지 않은 것이지요. 물론 이것은 주자의 말입니다. 현재까지 『대학』의 저자를 증자로 확정할 만한 자료는 없답니다. 대부분의 '고전'(古典)이 그렇듯이 아직도 『대학』의 저자에 대한 정설은 없지요. 다만 주자가 1190년에 『대학』, 『논어』, 『맹자』, 『중용』 네 책을 '사서'(四書)로 묶어 간행하고, 원(元)대에 주자가 주석한 '사서'가 과거제와 학교 교육의 기본 텍스트가 되면서 자연스럽게

『대학』은 증자가 지은 책이 되었지요. 대단하지요? 국정교과서의 권위이지요.

　주자의 서문을 조금 더 볼까요? 천여 년의 이단과 권모술수의 시대는 가고 천운(天運)이 순환하여 북송(北宋)에 이르러 하남(河南)의 정씨(程氏) 양부자(兩夫子)가 맹자의 학문을 계승하게 되었다고 하네요. 명도 정호(程顥, 1032~1085), 이천 정이(程頤, 1033~1107) 두 분이 하남 낙양 출신이거든요. 주자는 북송 오자(주렴계·소옹·장재·정호·정이) 중에서도 이 두 분이 맹자의 학통을 이었다고 본답니다. 이것이 주자가 설정한 유학[斯文]의 도통(道統)이랍니다. 학맥(學脈)을 어떻게 설정하느냐에 따라 자신의 위치가 만들어지지요. 주자도 마찬가지입니다. 자신이 정자의 가르침을 사숙(私淑)했다고 하니까요. 사숙이 뭔가요? 맹자가 그랬지요. 나는 공자의 제자가 될 수 없었다, 그래서 여러 사람을 통해 공자의 사상을 사숙했다(「이루」 하). 직접 배우지 못하고 재전(再傳), 삼전(三傳) 제자를 통해 그 요지를 배우는 것을 사숙이라고 하지요. 주자는 정이의 학통을 이은 연평(延平) 이동(李侗, 1093~1163)에게 배웠지요. 그래서 사숙했다고 하는 겁니다.『주자어류』(朱子語類)에 자주 출연하시는 분이 '연평 선생'이지요.

　자, 주자는 자신의『대학장구』가 이정자(二程子)를 계승한 것이라 하는군요. 무슨 소린가? 송의 진종(眞宗) 때 나온 '십삼경주소'(十三經注疏)에 들어 있는『예기주소』의「대학」에는 정현의 주와 공영달의 소가 붙어 있답니다. 이 판본을『고본대학』(古本大學)이라고 하지요. 그런데 명도 선생(정호)이 『고본대학』에 착간이 있다고 보고 편차를 개정했답니다. 현재 『명도선생개정대학』(明道先生改定大學)으로 전해지지요. 동생 이천 선생(정이)은 형님의 입장을 수용하여 다시 14장으로 재개정했는데, 경문과 전문을 나누지는 않았답니다. 주자가 서문에서 정자가 『대학』의 가치를 발견하고 간편(簡編), 글의 차례를 고쳐서 그 취지를 밝게 드러냈다고 한 것이 바로 이런 전후의 과정을 말한 겁니다. 현재 이정의 『대학정본』(大學定本)이라 불리는 텍스트이지요. 그런데 주자는 이천 선생이 차서(次序)한 『대학』에 약간의 불만이 있었답니다. 주자의 목소리를 들어볼까요? 그런데 내가 살펴보니 여전히 정자가 바로잡은 『대학』 안에 방실(放失), 사라진 부분이 있더라. 어쩔 수 없이 『예기』에 남아 있는 『대학』을 채집(采輯)하고 그 사이에 나의 뜻을 붙여서 궐략(闕略), 사라진 부분을 보완했노라. 바로 무엇인가요? 우리가 읽을 전 5장, 일명 '보망장'(補亡章)에 대해 말하고 있는 겁니다. 과감한 시도지요. 아무래도 사라진 부분이 있는 것 같으니 내가 채워 넣겠노라! 물론 주자도 후대의 학자들이 어떻게 생각할까 예상했고, 엄청 걱정했어요. '비난에서 벗어날 길 없는 분수에 넘친 일'을 했다는 것을 누구보다 잘 알고 있었으니까요.

그럼 왜 이렇게까지 했는가? 궁금하지요. 주자는 국가의 '화민성속'(化民成俗)과 학자의 '수기치인'(修己治人)을 위해서는 어쩔 수 없다고 하네요. 결국 뭔가요? 주자가 『대학』에 붙인 깨알 같은 주석은 백성을 교화하여 그들의 가치관과 생활방식을 바꾸려는 그의 '거대한 계획'에서 나온 것이지요. 이렇게 하려면『대학』을 배우는 사람, 대인(大人)들이 '수기'와 '치인'의 이치를 알아서 먼저 실천하고 그 후에 백성들을 이끌어야 한다. 물론 주자의 생각이고 주자가 그리는 유가의 '대동'(大同) 세상이지요. 사실 주자가『예기주소』(줄여서 그냥『예기』라고 합니다) 소재「대학」의 편차를 바꾼 이후 후대의 많은 학자들이 주자의 시도, 특히 '보망장'을 문제 삼았어요. 이렇게 사라진 부분을 추정하여 본인의 글로 채워도 되는 것이냐고요. 시끌시끌했지요. 특히나 명청(明淸) 시대에『예기』에 들어 있는「대학」편을 순서 바꾸지 말고 그대로 읽자! 이런 주장들이 일어났어요. 그 중 대표적인 학자가 양명학의 왕수인(王守仁, 1472~1528) 선생이지요. 왕수인은「대학문」(大學問) 등을 지어 '고본대학'으로 돌아갈 것을 주장했답니다. 주자가 편집·수정한『대학』을 '금본대학'(今本大學)이라 하는데, 한마디로 뉴(new)『대학』이란 거지요. 주자는『대학』을 다시 썼다, 내지 리라이팅 했다고도 할 수 있답니다. 지금『대학』을 읽는다고 하면 주자의 '사서'(四書) 중의 '금본대학'을 읽는 겁니다. '사서'의 권위가 그만큼 대단하지요.

주자학과 양명학의 핵심 텍스트를『대학』으로 꼽는 분들이 많답니다. 그래서 주자학이 무엇인가를 알려면 무엇부터 읽어야 해요?『대학장구』입니다. 양명학을 알려면『전습록』을 읽어야 하는데, 그 전에 무엇을 읽어야 하는가?『예기』에 있는「대학」이지요. 아! 제 생각이요? 소박합니다. 우선 '사서'를 독파하자! 주자의 '금본대학'을 읽은 후, 행유여력(行有餘力) 즉 '고본대학'으로 go go! 일단 이렇게 방향을 잡아 주십시오. 선인(先人)의 공부법이기도 합니다.

아직 『대학』은 한 구절도 읽지 않았는데, 『대학』 관련 이야기가 길어졌네요. 벌써 지치셨을까 봐 걱정이 태산입니다. 어찌해야 할지? 『대학』을 다 읽은 후에 서문을 볼걸 하는 후회가 밀려옵니다. 그래도 이왕 이렇게 흘러왔으니 '집주'(集註)와 '장구'(章句)에 대해 간략히 말씀드리고 가겠습니다. 주자는 『논어』, 『맹자』에 주를 붙인 후에 책 제목을 『논어집주』, 『맹자집주』라고 붙였어요. '집주'는 여러 학자들의 주석을 두루 검토하여 인용하기도 하면서 자신의 생각을 밝히는 주자의 학문 방식이지요. 저는 과감히 주자의 공부법을 '편집학'(編輯學)이라 하고 싶네요. 여기서 '편집'은 이쪽저쪽에서 모방하여 짜깁기하는 것이 아닙니다. 우선 기존 연구를 꼼꼼히 챙겨 읽고, 엄청 공부하지요. 그후 같고 다른 점을 밝혀 가면서 자신의 입장을 튼튼히 세우는 것이지요. 기초공사가 워낙 튼실해서 그 위에 세운 주자의 철학도 콘크리트처럼 단단합니다. 그래서 주자의 학문을 '집대성'(集大成), 여러 가지를 모아 크게 하나를 이루었다고 한답니다. 주자의 철두철미한 학문정신이 가져온 위대한 성과이지요. '집대성'이란 말은 맹자가 공자를 칭송하면서 쓴 건데, 1000년 후에 다시 '집대성'한 인물이 등장한 것이지요. 대단합니다.

주자는 『대학』과 『중용』에는 '장구'(章句)를 붙여서 『대학장구』,

『중용장구』라고 했어요. '장구'는 무엇인가? 원래 문장을 장(章)과 절(節)로 나누어 읽고 가르치기도 하지요. 요새 쓰는 말로 하면 '단락', '문단'입니다. 글쓰기 수업에서 항상 주제를 몇 개의 단락, 문단으로 구성하시오, 이렇게 말하지요. 여기 '구'(句)는 구두(句讀)인데요, 끊어 읽는 것이에요. 원래 한문은 끊어 읽기가 되어 있지 않은 통 글이잖아요. 천천히 소리 내어 읽어 가면서 의미 맥락에 따라 끊어 읽게 되는데, 그것을 한학(漢學)하신 분들은 구두를 안다, 문리(文理)가 통했다고 한답니다. 글의 뜻과 흐름을 알아 제대로 구두점을 붙여 끊어 읽는 것이 문리를 아는 것이지요. 물론 지금 우리 앞의 교재는 구두점이 붙어 있는 친절한 책이지요. 주자가 말하는 '장구'는 이와는 약간 다른데요. 장(章)을 절(節)로 다시 나누어 어구(語句)를 풀이한 것이지요. 단락을 나누고 구절로 쪼개어 풀이를 한 것입니다. 한 글자의 뜻을 풀고 구절의 의미를 풀고 마지막으로 앞뒤 단락과의 관계를 밝힌 것이 주자의 '장구'랍니다. 꼼꼼하지요. 빈틈없이 '장구' 풀이를 통해서 자신의 학문을 구축해 나갔지요. 『대학』을 경(經) 1장과 전(傳) 10장으로 나누고 각각의 장들을 다시 '절'과 '구'로 나누어 세밀하게 풀어 나갔답니다. 레고 조립하듯. 이렇게 해서 '주자학'이 탄생한 겁니다. 따라 읽다 보면 중독되지요. 주자의 담론에 포획되어 저절로 고개를 끄덕이게 된답니다. 물론 '주자학' 때문에 조선이 이렇게 저렇게 되었다고 비판하는 분들도 여전히 많으시지요. 우리는 일단 12세기 주자의 해석 속으로 들어갔다가 다시 나옵시다. 해석자 혁명이라 할 만큼 대단하지요. 비판하려면 우선 제대로 읽은 후에, 정말 제대로!

독대학법

이제는 『대학』 원문이 나오려나 했더니, 「독대학법」(讀大學法)이란 글이 하나 더 있네요. 주자가 『대학』을 어떤 마음으로 어떻게 읽어야 하는가, 세세히 안내한 귀중한 글이지요. 너무도 중요한 내용이지만 여기서는 간략 버전으로 하나, 둘 번호를 붙여서 소개하고 넘어가겠습니다.

하나, 『대학』은 공자가 고인(古人)들이 학문한 큰 방법에 대해 말한 것을 증자가 기술하고, 증자의 제자들이 그 뜻을 전술(傳述)한 것이다. 『대학』을 읽으면 공부의 대체(大體)를 알 수 있다.

둘, 『논어』와 『맹자』는 일에 따라 묻고 답한 것으로 요령을 알기 어렵다. 『대학』은 '수기치인'의 이치를 통괄하여 논한 것으로 학문의 강목(綱目)이 된다. 학문의 처음과 끝을 관통한 『대학』을 읽어 골격을 만든 후에 다른 책으로 빈 칸을 채워 나가는 것이 좋다.

셋, 『대학』 공부는 단락별로 숙독하고, 정밀히 생각하여 분명히 파악한 후에 다음 단락으로 넘어가야 한다. 글자 하나, 구절 하나도 소홀히 하지 말라.

넷, 읽어 가면서 반드시 자신은 어떤가를 생각해야 한다. 자기 점검의 과정이 없으면 책은 그냥 책으로 남고 나는 그대로 나[書自書 我自我]에 머물 것이다. 무슨 유익함이 있겠는가!

다섯, 나는 일생 동안 『대학』 공부를 철저히 하여 이전의 현인들이 이르지 못한 것을 얻게 되었다. 『대학』을 제대로 읽은 후에야 다른 책도 제대로 읽을 수 있다. 모쪼록 즐겁고 재미있게 공부하기를!

네, 「독대학법」은 이렇게 요점 정리하고 가겠습니다. 프롤로그 부분이 길어졌네요. 이제 힘내서 『대학』 경문을 읽어 볼까요?

경經 1장

1-1 大學之道, 在明明德, 在親民, 在止於至善.
대 학 지 도 재 명 명 덕 재 친 민 재 지 어 지 선

1-2 知止而后有定, 定而后能靜, 靜而后能安, 安而后能慮,
지 지 이 후 유 정 정 이 후 능 정 정 이 후 능 안 안 이 후 능 려

慮而后能得.
려 이 후 능 득

1-3 物有本末, 事有終始, 知所先後, 則近道矣.
물 유 본 말 사 유 종 시 지 소 선 후 즉 근 도 의

1-4 古之欲明明德於天下者, 先治其國, 欲治其國者,
고 지 욕 명 명 덕 어 천 하 자 선 치 기 국 욕 치 기 국 자

先齊其家, 欲齊其家者, 先修其身, 欲修其身者,
선 제 기 가 욕 제 기 가 자 선 수 기 신 욕 수 기 신 자

先正其心, 欲正其心者, 先誠其意, 欲誠其意者,
선 정 기 심 욕 정 기 심 자 선 성 기 의 욕 성 기 의 자

先致其知, 致知在格物.
선 치 기 지 치 지 재 격 물

1-5 物格而后知至, 知至而后意誠, 意誠而后心正,
물 격 이 후 지 지 지 지 이 후 의 성 의 성 이 후 심 정

心正而后身修, 身修而后家齊, 家齊而后國治,
심 정 이 후 신 수 신 수 이 후 가 제 가 제 이 후 국 치

國治而后天下平.
국 치 이 후 천 하 평

1-6 自天子以至於庶人, 壹是皆以修身爲本.
자 천 자 이 지 어 서 인 일 시 개 이 수 신 위 본

1-7 其本亂而末治者, 否矣. 其所厚者薄, 而其所薄者厚,
기 본 란 이 말 치 자 부 의 기 소 후 자 박 이 기 소 박 자 후

未之有也.
미 지 유 야

『대학』의 도는 명덕을 밝히는 데 있으며, 백성을 새롭게 하는 데 있으며, 지극한 선의 경지에 이르러 머무르는 데 있다.

머무를 데를 안 이후에야 정함이 있으니, 정한 이후에 능히 고요할 수 있고, 고요한 이후에 능히 편안하며, 편안한 이후에 능히 생각하며, 생각한 이후에 능히 머무를 데를 얻을 수 있다.

사물에는 근본과 말단이 있고, 일에는 마침과 시작이 있으니, 먼저 할 바와 나중에 할 바를 알면 도에 가까워지리라.

옛날 천하 사람들에게 그들의 명덕을 밝히게 하고자 했던 사람은 먼저 그 나라를 다스렸고, 그 나라를 다스리고자 하는 사람은 먼저 그 집안을 가지런히 하고, 그 집안을 가지런히 하고자 하는 사람은 먼저 자기 몸을 닦았고, 자기 몸을 닦고자 하는 사람은 먼저 그 마음을 바르게 했고, 그 마음을 바르게 하고자 하는 사람은 먼저 그 뜻을 정성스럽게 하고, 그 뜻을 정성스럽게 하고자 하는 사람은 먼저 자기의 앎을 지극히 하였으니, 앎을 지극히 하는 것은 사물에 나아가 그 이치를 다함에 있느니라.

사물의 이치를 다한 이후에 앎이 지극해지고, 앎이 지극해진 이후에 뜻이 정성스럽게 되고, 뜻이 정성스럽게 된 이후에 마음이 바르게 되고, 마음이 바르게 된 이후에 몸이 닦아지고, 몸이 닦아진 이후에 집안이 가지런해지고, 집안이 가지런하게 된 이후에 나라가 다스려지고, 나라가 다스려진 이후에

천하가 평안해지느니라.

천자로부터 서인에 이르기까지 모든 사람들이 몸을 닦는 것으로써 근본을 삼느니라. 그 근본이 어지럽고서 말단이 다스려지는 경우는 없으며, 후하게 대해야 할 사람에게 박하게 하고서 박하게 대해야 할 사람에게 후하게 대하는 경우는 있지 않느니라.

우아! 어떠세요? 『대학』의 경문 전체입니다. 주자가 공자의 말을 증자가 조술(祖述)했다고 하는 205자 전체랍니다.

그런데 경문 앞에 '편제'(篇題)라고 불리는 정자(程子)의 글을 인용했군요. 흠, 역시나 꼼꼼하신 주자 씨! 번역하고 가실까요?

정자 선생님께서 말씀하셨다. "『대학』은 공자 학파에서 전한 책으로 초학자가 덕으로 들어가는 문이다. 지금 옛사람들이 학문했던 차례를 알 수 있는 것은 오직 이 책이 남아 있기 때문이다. 『논어』와 『맹자』는 그 다음이니 배우는 자들이 반드시 『대학』에서 시작하여 배운다면 거의 옛사람들이 학문을 하던 것과 어긋나지 않게 될 것이다."(子程子曰자정자왈, "大學孔氏之遺書대학공씨지유서, 而初學入德之門也이초학입덕지문야. 於今可見古人爲學次第者어금가견고인위학차제자, 獨賴此篇之存독뢰차편지존, 而論孟次之이논맹차지, 學者必由是而學焉학자필유시이학언, 則庶乎其不差矣즉서호기불차의".)

역시 증자가 지었다는 말은 없군요. 공자와 그의 후학들에 의해 전해진 책이라고 할 뿐. 『대학』이 초학자의 교과서로 『논어』·『맹자』를 읽기 전에 배우면 좋다는 것을 강조하셨네요. '입덕문', 덕으로 들어가는 문이라! 마음에 와닿네요.

주자는 『대학』의 경문을 삼강령(三綱領), 팔조목(八條目)으로 구분하고 7장으로 나누었답니다. 주자 방식대로 따라가며 보겠습니다.

그 유명한 『대학』의 삼강령부터 볼까요? 강령이라 하면 무겁게 생각하실 수 있는데, 『대학』 전체의 주제문이라 보시면 된답니다.

1-1 대학지도大學之道는 재명명덕在明明德하고 재친민在親民하고 재지어지선在止於至善이니라.

『대학』의 주제문인데, 어려운 글자가 없어 맘에 드네요. 특이점은 '밝은 명'(明) 자가 두 번, '있을 재'(在) 자가 세 번 나오는 정도? 그런데 막상 해석하려면 영 만만치 않지요. 그렇답니다. 제가 원문 강의 때마다 주문처럼 외는 말이 있지요, 쉬운 글자로 된 문장이 해석하기 더 어렵다고. 지금 여기에도 한자(漢字)를 모르는데, 『대학』 읽을 수 있을까 걱정하는 분들 계실 텐데, 문제는 한자가 아니라는 사실! 자, 다시 읽어 볼까요? 『대학』의 도는 재명명덕, 재친민, 재지어지선(在明明德, 在親民, 在止於至善)이라. '명명덕', '친민', '지어지선'이 『대학』의 삼강령, 주제입니다. 이 주제의 구현 과정을 여덟 개의 조목으로 확장한 것이고, 열 개의 전(傳)으로 다시 푼 것이지요.

'재'(在) 자가 동사로, '~에 있고, ~에 있고, ~에 있다', 이렇게 풀면 되니, 우선, 이 세 구절을 정확하게 해석해야겠네요. 그 다음으로 명명덕(明明德)이 무엇인가, 친민(親民)이 무엇인가, 지어지선(止於至善)이 무엇인가, 그 의미를 파악해야겠지요. 그 다음에 여력이 된다면 이 구절들을 '사서'의 다른 책들의 주제와 연계하여 이해하면 좋겠네요. '여력'(餘力)이 된다면! '사서'를 한 번 쭉 읽으신 후에 다시

『대학』으로 돌아와서 정리하시면 더 좋지요.

『대학』의 첫 구절이 '대학지도'이고 강령의 주어인데, 여기서 '대학'은 우리가 읽고 있는『대학』이자, '대인지학'(大人之學)이지요. 『대학』은 '대인지학'의 줄임말이랍니다. 그럼 '대인'은 누구? 당연히 이런 의문이 드실 겁니다. 주자는 열다섯 살에 '태학'(太學)에 들어간다고 했지요. 그 전에는 '소학'에서 배우고요. 그런데 '소학'에서 쓸 교재가 마땅하지 않은 거예요. 그래서 주자는 제자 유청지(劉淸之)와 함께 『예기』·『논어』 등의 고전과 사료들을 수집하여 『소학』을 편찬했지요. 현재 전해지는『소학』은 주자가 설정한 교육 과정에서 필요하기 때문에 만들어진 것이지요. 지금 우리는『소학』은 건너뛰고『대학』을 읽고 있답니다. 언제 기회가 되면『소학』도 함께 읽읍시다.

다시 돌아가서, '대인지학'은 '태학'에 진학한 대인(大人), 성인(成人)이 배우는 학문이고 여러분 앞에 놓인 책『대학』은 이런 내용이 담겨져 있는 교과서이지요. '태학'은 나랏일을 담당할 '대인'을 기르는 과정이었어요. 맹자는 우리가 사는 이 세상에는 '대인의 일'[大人之事]이 있고 '소인의 일'[小人之事]이 있다고 했지요. '노심자'(勞心者)와 '노력자'(勞力者)가 있을 수밖에 없다고요(「등문공」 상). '소인'은 평민으로 농사를 지어 세금을 내는 계층입니다. 당연히 몸을 써서 일을 해야지요. '대인'은 나랏일을 하고 월급을 받는 계층으로 책상에 앉아 있으니 당연히 마음, 정신을 더 많이 쓰겠지요. 맹자는 인간의 역사, 그 처음부터 '대인'과 '소인'의 신분이 있었다고 봅니다.

군주가 등장하는 요순(堯舜) 시대를 역사의 시작으로 보니까요. 왕수인은 '대인의 학문'을 '성인(聖人)이 되는 학문'으로 보았답니다. 이 해석도 좋네요. 자, '대인'이 지향하는 학문의 도가 3가지에 있다[在]고 했으니, 하나하나 알아봅시다.

우선 '在明明德'재명명덕, '명덕'을 밝히는 데 있다 하네요. 앞의 '명'(明)이 동사입니다. 그런데 '명덕'에 대한 풀이가 복잡하군요. '사람이 하늘에서 받은 것으로 허령불매(虛靈不昧)하여 모든 이치를 갖추어 만사에 대응하는 것'이라고 길게 되어 있네요. 아휴~, 사람이 하늘에서 받은 것(人之所得乎天인지소득호천)은 '성'(性)이지요. 『중용』1장의 '천명지위성'(天命之謂性), '하늘이 명한 것을 성이라 한다'의 바로 그 '성'입니다. 이 '명덕', '성'을 잘 보존하고 확충해 나가야 되는데, 그게 어디 쉽게 됩니까? 여기서 주자는 마음의 작용에 주목합니다. 나의 몸을 주재(主宰)하는 것이 '마음'[心]이니까요. 그래서 꿈에서라도 '내 마음 나도 몰라~', 하시면 아니 되옵니다. 나의 언행을 주관하는 마음을 자신이 모른다고 하면 누가?, 곤란하지요. 『대학』에 진입할 수가 없으니까요. 주자는 마음의 작용을 '허령불매'(虛靈不昧)라고 표현하지요. '빌 허', '신령 령', '아닐 불', '어두울 매', '허령불매'는 텅 비어 다 알 수 없을 정도로 신비한 능력을 지닌 어둡지 않은 마음의 작용을 말합니다. 이런 마음의 작용으로 인해 우리 각자는 일생 동안 겪게 되는 모든 일, 만사에 적절히 대응할 수 있는 능력을 갖추게 된다는 것이지요. 그런데 왜 밝혀야 한다[明]고 하는가? 유감스럽게도 타고난 기품(氣稟), 품성(稟性)에 편차가 있고, 인욕(人欲)의 폐단 때문이지요. 그래서 하늘로부터 받은 천부적 능력, 광명정대(光明正大)한 '명덕'을 밝혀서 그 본연의 상태를 유지하고 회복해야 하는 겁니다. '복기초'(復其初), 그 처음으로 돌아가는 '복성'(復性)의 과정이 필요하지요. 맹자는 '성선'(性善)을 회복하는, 인의예지(仁義禮智)의 '사단'(四端)을 확충해 나가는 '수신'이 필요하다고 하지요. 왜? 개인적 기질의 차이와 무한한 욕심 때문에.

'在親民'재친민, 백성을 친히 하는 데 있다, 백성을 가깝게 여기는 겁니다. '애민'(愛民), '보민'(保民)으로 보셔도 좋습니다. 그런데 정자가 '친'(親)은 마땅히 '신'(新)이 되어야 한다고 했고, 주자는 처음부터 이것을 강조하여 딱 못박았지요. '정자왈 친당작신'(程子曰 親當作新)이라고. 그 결과 '친'이냐, '신'이냐, 두 입장이 양립하고 있지요. 그런데 딱 뭐라고 확정할 수 없는 이유가 있답니다. 이 구절을 풀이한 전 1장에 '친'과 '신'의 용례가 모두 나오거든요.

왕수인은 '친민'으로 보았지요. 자, 우리는 주자의 해석을 따라가 볼까요? '신'은 '옛것을 혁신하는 것'[革其舊]이니, 스스로 자신의 명덕을 밝힌 후에 다음 단계로 그것을 남에게 확장하여[推以及人] 그 오래되고 오염된 더러운 것[舊染之汚]을 바꿀 수 있게 이끌어야 한다고 하네요. 왜? '태학'에 진학하여 『대학』을 배우는 '대인'은 이런 정치를 해야 하니까요. '명명덕', '수기' 이후에는 마땅히 '신민'해야 한다. '수기치인'의 '치인'(治人)을 백성을 새롭게 하는 정치로 본 거죠.

백성을 새롭게 한다! 이게 뭔 소린가? 정치가가 우리를 새롭게 한다니! 누가 누굴 새롭게 할 수 있나? 21세기의 우리 입장에서 보면 어이없고 위험할 수도 있는 발상이지요. 전제(專制), 독재(獨裁)인가, 이런 생각이 들지요. 하지만 12세기 성리학자 주자는 백성을 오륜(五倫), 인도(人道)를 알고 실천하는 자각적 주체로 만들어야 한다는 거대하고도 담대한 계획이 있었답니다. 왜? 이유는 간단명료합니다. 모든 인간은 '명덕', '성'을 가지고 태어났기 때문에. 그것을 최대한 발현하는 것이 최선의 삶이자 최고의 삶이기 때문에. 인간의 형체로 태어난 이상 이것이 지상명령인 거죠. 나 혼자만 그렇게 산다? 그건 안 됩니다. 인(仁)의 실천이 아니니까요. 내가 서고 싶고 이르고 싶은 것을 다른 사람도 할 수 있게 한다, '己欲立而立人기욕립이립인, 己欲達而達人기욕달이달인'(『논어』「옹야」), 위대한 인의 정신이지요.

삼강령의 마지막 구절, '在止於至善재지어지선'으로 갑시다. '止'는 '머무르다'로 '반드시 여기에 이르러 옮겨 가지 않는다는 뜻'(必至於是而不遷之意필지어시이불천지의)인데요, 그만큼 확고하다는 것이지요. '至善'은 '사리의 당연한 지극함'(事理當然之極사리당연지극)이라 했군요. 나와 백성이 모두 품수받은 '명덕'의 최고 수준을 실현하여 사의(私意), 인욕(人欲)이 없는 상태를 확고히 유지하는 겁니다. 대단하지요? 유가의 개인적 최고 수준이자 사회적 이상 상태이지요. 『대학』을 배운 '대인'들이 추구하는 새로운 세상입니다. 자신의 덕[己德]을 밝게 밝히고 백성의 덕[民德]을 새롭게 하여 '지선'의 단계에 머무르게 하는 것, 이것이 대동(大同)이고 여민동락(與民同樂)의 살맛 나는 세상이겠지요.

1-2 지지이후知止而后**에 유정**有定**이니 정이후**定而后**에 능정**能靜**하고 정이후**靜而后**에 능안**能安**하고 안이후**安而后**에 능려**能慮**하고 려이후**慮而后**에 능득**能得**이니라.

자꾸 '~을 한 후에 ~가 있다'고 하는군요. 『대학』은 선후관계를 엄격히 따지는 텍스트랍니다. 후(后)가 보이시지요? 이 '후'가 왕후(王后)할 때 쓰는 글자인데, 여기서는 '뒤 후'(後)와 같은 뜻이지요. 이 문장은 읽을 때마다 교육 방법론에 대해 이런저런 생각이 들어요. 저 자신이 생각이 많아진답니다. 왜냐하면 우리가 삼강령을 공부했어요. 삼강령이 얼마나 어려운 내용입니까? 그런데 여기서 '머무를 데를 안 이후에야 정함이 있다'로 시작하네요. '지'(止)를 안다는 것은, 여러분, '지어지선'(止於至善)을 안다는 거예요. 『대학』 공부를 통해 개인과 사회가 도달해야 할 최고 수준을 미리 알게 된 다음에야 교육이 제대로 된다는 거지요. 그런데 우리는 요새 이렇게 교육을 안 한다 말이에요. 물론 선행학습은 하지요. 초등학교 4학년이 중학교 수학을 배우고… 정말 너무하지요. 그런데 여기의 '지지'(知止)는 자신의 삶의 최대 목표에 대한 사전 확신이 있어야 한다는 거예요. 유가에서 삶의 최대 목표는 두말할 나위 없이 '성인'(聖人)이 되는 것이지요. 율곡 선생이 19세에 공부에 뜻을 세우면서[立志] 쓴 「자경문」(自警文)

을 보면 "'성인'이 되기 전에는 나의 일은 끝난 것이 아니다"로 시작됩니다. "내 공부의 최종 목적지, 내 삶의 목표는 '성인'이 되는 것이다"라고 선언하신 것이지요. 너무 엄청나다고요? 아니지요, 아닙니다. 펀드로 부자가 되겠다, 건물주가 되겠다는 것보다 훨씬 가능성이 높지요. 공부에 뜻을 세운 사람이라면 누구나 끝까지 파고들어 최고 수준까지 이르겠다는 목표를 가져야지요. 이건 신과 같은 경지에 오르거나 득도를 하고 싶다는 것이 아니잖아요? 인간으로 태어난 이상 가져 볼 만한 지향이지요. 가장 인간답게 사는 방법을 고민하고 실행해 보겠다는 건데, 그것도 누구 것을 빼앗거나, 경쟁을 해서가 아니라 오직 공부만으로. 제가 볼 때는 이것이 가장 잘 사는 거죠. 확률도 높다고 봅니다.

'명명덕'과 '친민'을 거쳐 도달하는 '지선'에 대해 미리 알게 되면 마음이 어떻게 될까요? 방향성[定]이 생겨요. '정'은 '정향'(定向), 정해진 방향입니다. 삶의 목표가 확고한 이후에 삶의 방향이 정해진다는 겁니다. 어려운 얘기 아니지요? 저는 이것이 15세 정도면 충분히 가능하다고 봅니다. 삶의 나침반을 일정한 방향으로 고정시키는 것이지요. 네, 공자님처럼 '오십유오이지우학'(吾十有五而志于學), 열다섯 살에 배움에 뜻을 두는 것이지요. 이런 요지경 같은 세상에서 흔들림 없이 살아가려면, 견실한 삶에는 이것이 필요하지요. 30, 40이 넘도록 삶의 방향을 못 찾고 방황하는 분들이 계시다면 내가 '지지'가 부족한 것이 아닌가, 고민하셔야 합니다. 어떻게 되겠지 하는 막연

함으로는 삶의 목표 설정이 어설퍼지지요. 인생이 그냥 모래 위에 쌓은 집처럼 허술하니 매일 흔들흔들 할 수밖에요. 『대학』을 읽으려 모인 우리라도 삶의 방향 설정을 부귀영화, 나 혼자 잘 먹고 잘사는 법이 아니라 인간이 도달할 수 있는 최고 수준으로 전환해 볼까요? 핸들 방향을 확 꺾어야 한다고요? 그것도 좋지요.

삶의 방향이 설정된 후에야 마음이 '정'(靜)해질 수 있지요. '고요할 정'을 여기서는 '심불망동'(心不妄動)으로 풉니다. '마음이 망령되이 흔들리지 않다'입니다. 조증(躁症), 망동(妄動)이 사라져 사람이 차분해지는 거지요. 잡념이 가라앉으면서 외적 조건에 흔들리지 않게 됩니다. 이것도 우리가 깊이 생각해 봐야지요. 요새는 차분함, 정적인 상태를 병증으로 보기까지 하지요. 어린아이가 차분하면 엄마들이 오히려 걱정하잖아요? 애가 소극적이라 사회성이 떨어지는 건 아닌가, 그러면서 공공장소에서도 마구 뛰게 만들지요. 어린아이도 차분히, 조용해야 할 때는 그렇게 해야지요. 여기서 '정'은 운동성이 없는 정지 상태가 아니에요. '정'의 에너지는 성찰, 항상, 지속입니다. '정'에서 '동'으로 가는 겁니다. 이것이 『노자』, 『주역』에서 말하는 운동의 방향이지요.

감이당에서 공부하시면 '망동'이란 단어를 많이 듣게 됩니다. 『동의보감』(東醫寶鑑)에서는 '망동'이 몸의 불균형, 질병에서 나온다고 하지요. 여기서 조(躁)와 망(妄)을 구분하고 갑시다. '성급할 조'는 적합한 때가 아닌 때[不時] 움직이는 거예요. 마음이 급해져서 타이

밍을 맞추지 못하고 서두르는 거죠. '허망할 망'은 진실, 실질이 없는 거예요. '성실할 성'(誠)의 반대이지요. 『중용』에서 '성'의 주석이 '진실무망'(眞實無妄)이랍니다. 진실하여 망령됨이 없는 것이 하늘의 도이자, 인간이 행해야 할 '성'이란 거지요. 그래서 이 '망'과 비슷한 글자를 찾으면 '거짓 위'(僞)예요. '망동'은 우리 인생을 거품으로 가득 찬 거짓으로 만들어 버리지요.

그 다음 단계가 '능안'(能安)이군요. '靜而后 能安'^{정이후 능안}이라. '안'은 '所處而安'^{소처이안}, '처한 바가 편안한 것'입니다. 망동하지 않고 자신의 처지에 편안히 머무르는 거지요. 뜻이 이미 정해지면 마음에 잡념이 없어지겠지요. 그러면 마음이 외물에 흔들리지 않습니다. '안분'(安分), 분수에 편안한 것으로 보셔도 좋겠네요. 아버지는 아버지답게, 자식은 자식답게, 부부자자(父父子子), 정명(正名)이기도 하지요. 이름에 걸맞게 살아야만 일상에서 차분하고 여유 있게 찬찬히 자신이 하고 있는 일과 해야 할 일을 헤아릴 수 있겠지요. 주변에 매일매일 허둥거리며 정신없이 사는 사람 있으신가요? 자신도 불안하고 지켜보는 사람도 불안해지지요. 마음에 망동이 사라져 고요해진 이후에야 평안해진답니다.

마음이 평안해진 이후가 '능려'(能慮)라고 하네요. 이걸 이렇게 봅시다. '생각할 려'(慮)자는 '사'(思)에 비해 특정한 일을 꼼꼼하게 심사숙고하는 거지요. '려'는 '일을 처리하는 것이 정밀하고 자세한 것'(處事精詳^{처사정상})입니다. 자신의 자리에서 편안해야만 일상이 조용하고 차분해지면서 주변에서 일어나는 모든 일을 제대로 헤아릴 수 있겠지요. 너무도 당연한 이치인데, 이렇게 단계별로 나누어 놓으니 긴장감이 생기고 정신 바짝 차리게 되네요.

'려' 다음이 '능득'(能得)인데, 여기서 '득'은 '그 머무를 바를 얻음'(得其所止득기소지)이지요. '지어지선'에 이르게 된다는 겁니다. 일에 따라 사물의 이치를 세밀히 살피고, 이런 과정이 반복되면 자신의 언행이 '당연의 법칙'(當然之則당연지칙)에 합치되는 단계에 도달하겠지요. 그러면 '명덕'과 '신민'이 '지선'(至善)의 단계에 머무르게 된다는 겁니다. '지어지선'(止於至善)을 '득'(得), 한 글자로 줄였군요. 혹시 공자의 '지천명'(知天命), '이순'(耳順)의 단계 중 어디냐고 물으신다면? '지천명' 이후라고 말씀드리고 싶군요.

'지지'(知止)에서 시작한 공부가 '능득'(能得)으로 줄줄이 이어졌군요. 지지→정향→정→안→능득의 전 과정이 일목요연하게 보이시나요? 꾸준한 공부의 효과, 공효(功效)이지요. 저는 20대 초반, 처음 『대학』을 배울 때에 이 과정을 이해할 수 없었답니다. 생각이 깊어져야 지지(知止)가 가능하지 않나? 거꾸로다, 이렇게 생각했어요. 왜 나중에 려(慮)가 나오는가, 고민했지요. '지지'와 '능득'은 어떻게 다른가? 이것도 이해불가였지요. 그런데 나이 들어 가면서 사람이 처음부터 다 알지 못해도, 서툴고 미숙해도 '지지'가 가능하구나, 그럴 수 있겠다, 수긍이 가더라고요. 물론 전 3장에서도 풀이가 나오지만요. 왜, '허령불매'한 인식능력이 있잖아요? 사람은 누구나 내가 어떤 존재인가, 어떻게 살아야 하는가를 고민하지요. 자의식이지요. 그래서 선험적 인식능력을 최대한 발휘하여 잘 사는 법을 요리조리 찾아가지요. 여러분, 잘 생각해 보세요. 우리가 살아온 길을 보면, 어떻게 이 나이까지 용케 무탈하게 살아왔구나, 신기할 정도지요. 물론 이런 저런 풍파를 겪기 마련이지만요.

'지지'는 내 힘으로 이 정도 수준까지 가 보겠다는 '입지'(立志)라고 보셔도 좋습니다. 공자의 '지우학'(志于學), 바로 율곡의 성인이 되겠다는 '입지'이지요. 공부에 마음을 굳건히 세워 평생 흔들리지 않을 만한 강한 의지를 갖는 것이지요. 10대에 삶의 목표를 분명히 하는 것, '입지'는 바로 '지지'입니다. 제대로 살아야지요. 백만장자가 되겠다는 식의 허망한 꿈에 인생을 걸지 말고. 지금은 열 살, 초등학교 3학년 정도면 가능하지 않을까요? 2,500년 전 공자님보다 보고 듣는 것이 많아서 똘똘할 테니까요. 아니라고요? 저 학인께서 너무 격하게 고개를 흔들면서 부정하시니까 제가 당황스럽군요. 아! 모두 게임중독이라고요? 그럼 기계만 똑똑해지고 인류는 점점 멍청해지고 있는 건가요? 그, 그만 웃으시고 다음 문장 봐주세요. 웃을 일이 아닌데….

1-3 물유본말物有本末하고 **사유종시**事有終始하니 **지소선후**知所先後면 **즉근도의**則近道矣니라.

사물에는 '본'과 '말'이 있고 일에는 '종'과 '시'가 있다고 하네요. 그렇지요? 우리가 살아가면서 하는 모든 일에는 순서가 있기 마련인데, 이걸 척 바로 알고 행하기가 어렵지요. 여기서 '만물 물'(物)과 '일 사'(事)는 모두 우리가 해야 할 일들입니다. '물'에 일이란 뜻이 있거든요. 자, 우리가 할 일에는 '본'과 '시', '먼저 할 일'[所先]과 '말'과 '종', '나중에 할 일'[所後]이 있지요. 여기서 핵심은 본말과 종시가 일의 중요도가 아니라 진행 순서라는 거지요. 일의 선후(先後)이지요. 『대학』은 이것을 제대로 알고 실천하는 것이야말로 우리 일생에서 가장 중요한 것이라고 합니다. '명덕'은 근본[本]이고 '신민'은 말[末]이지요. 다음 단계에서는 '신민'은 '본'이고 '지어지선'은 '말'이 되지요. '지지'는 처음[始]이고 '능득'은 끝[終]이 됩니다. 먼저 해야 할 일을 알아야 일의 진행 과정 전체가 보이고 마음의 방향이 정해지겠지요. 그래서 먼저 하고 나중에 해야 할 바를 알면 『대학』의 도에 가까울 것이라는 겁니다. '고인'(古人)의 학문도 여기에서 벗어나지 않지요. 그분들? '성인'(聖人)이 되셨지요. 이렇게 1-1, 1-2 두 장구의 뜻을 정리한 것이지요.

1-4 고지욕명명덕어천하자古之欲明明德於天下者는 **선치기국**先治其國하고 **욕치기국자**欲治其國者는 **선제기가**先齊其家하고 **욕제기가자**欲齊其家者는 **선수기신**先修其身하고 **욕수기신자**欲修其身者는 **선정기심**先正其心하고 **욕정기심자**欲正其心者는 **선성기의**先誠其意하고 **욕성기의자**欲誠其意者는 **선치기지**先致其知하니 **치지재격물**致知在格物하니라.

7절로 이루어진 『대학』의 경을 상경(上經)·하경(下經)으로 나누기도 하는데 1-4부터가 하경입니다. 자! 『대학』의 팔조목(八條目)이 나왔군요. 1-2에서는 '후'(后)가 계속되더니 여기서는 '선'(先)이 줄줄이 나오는군요. 일반적으로 팔조목을 격물→치지→성의→정심→수신→제가→치국→평천하의 순서로 꼽는데, 여기는 '평천하'부터 거꾸로 말하고 있네요. 왜냐? 1-2에서 '지지'(知止)부터 '능득'(能得)으로 갔잖아요? 1-3에서는 일의 선과 후를 아는 것이 중요하다고 했고요. 여기서는 '평천하'하고 싶으면 그 이전 단계인 '치국'을 먼저 해야 한다, 그리고 다시 그 이전으로, 그 이전으로, 이렇게 선(先)과 본(本)으로 거슬러 올라가는 겁니다. 반복 학습의 효과가 있겠네요.

자, 우리도 구절 단위로 거슬러 가 볼까요? "옛날 천하 사람들에게 그들의 명덕을 밝히게 하고자 했던 사람은 먼저 자신의 나라를 다스렸다"고 하네요. 당연히 그래야지요. '평천하'의 '선'과 '본'이 '치국'이니까요. '古之欲明明德於天下者'고지욕명명덕어천하자, 저는 이 문장에서 엄청 감명을 받습니다. 왜냐, 『대학』의 가장 유명한 구절은 '수신제가치국평천하'(修身齊家治國平天下)인데요, 여기서 '평천하'라고 하지 않고 '명명덕어천하'라고 했거든요. 와우! 대단하지요. 천하에 '명덕'을 밝히다니! '평천하'의 '平'은 천하를 안정시키는 건데요, 그 구체적 내용과 매뉴얼은 전(傳) 10장에 아주 길고도 길~게 나온 답니다. 여기서는 우선 '천하에 명덕을 밝힌다'는 것은 무얼까에 집중합시다. 간단히 말하자면, 천하가 진정으로 안정되기 위해서는 천하의 한 사람 한 사람이 각자의 '명덕'을 밝혀야 한다는 것이지요. '천하의 사람들로 하여금 모두 자신이 가지고 태어난 명덕을 밝히도록 하는 것'(使天下之人사천하지인 皆有以明其明德也개유이명기명덕야), 이것이 주자 철학의 담대한 기획이지요. 핵심이기도 합니다. 공자의 '인' 사상의 궁극적 지향이지요. 『대학』은 먼저 자신의 명덕을 밝힌 군자, 지도자가 어떻게 '신민'(新民)의 이상을 실현할 것인가에 대한 매뉴얼이 정리되어 있는 텍스트입니다. 주자의 『대학』은 이런 방향으로 편집되었지요. 세상의 이치를 알았다면[知], 우선 자신이 행하고[行], 주변 사람이 행할 수 있게 이끌어라[推行], 그래야만 새로운 백성의 새 세상이 열린다, 주자의 의도를 간단히 정리하면 이렇게 됩니다.

　제가 주자학을 백 퍼센트 옹호하는 건 절대로 아닙니다. 오해하지 말아 주세요. 하지만 저는 이 구절만으로도 주자의 『대학』이 완전 소중한 텍스트라고 봅니다. 천하가 그래도 살 만한 세상이 되려면 각각의 주체가, 먼저[先] '나'의 '성', '명덕'을 성찰하는 과정이 있어야 되지요. 다른 방법이 있던가요? 진말(秦末)에 진섭(陳涉)은 "왕후장상이 어찌 씨가 있는가!"(王侯將相寧有種乎!왕후장상영유종호) 하며 들고 일어났지요. 그래서 평민 유방(劉邦)이 한(漢)나라를 세울 수 있게 되었고. 와! 아버지가 왕이 아닌 사람도 왕이 될 수 있구나, 이런 생각을 할 수 있게 되면서 온 천하의 영웅호걸이 들고일어났으니까요. 그런데 주자가 고민하고 고민한 끝에 내놓은 결론은 무엇인가? 왕을 바꾸고 왕조를 교체해도 새로운 세상은 안 되더라, 각자 개인이 변화해야 하는구나! 다른 길이 없다, '명명덕어천하'밖에는. 이렇게 보는 겁니다. 나의 내면의 변화에서 출발해야만 세상을 제대로 바꿀 수 있구나! 지금 우리가 뼈저리게 실감하고 있지요. 다른 방법이 있으면 좋겠지만 없잖아요. 강력한 힘으로 됩니까? 안 돼요. 막강한 법으로 됩니까? 안 돼요. 주자에 대한 급 호감? 왜 이러십니까? 흠, 귀 얇으신 분들이 많이 오셨군요.^^

천하에 '명덕'을 밝히고자 한다. 세 글자로 쓰면 '평천하'예요. 그러니까 '수신제가치국평천하'는 누구의 일이다? '명덕'을 밝히는 '나'의 일이고 '명명덕'을 추구하는 내가 '신민'을 통해 '지어지선'에 이르는 것이다. 모두 '나'가 중심에 있지요. 물론 '수신'하는 '나'이지요. 이것이 정치 철학으로 가면 맹자의 왕도(王道), 인자무적(仁者無敵)이 되지요. 천하에 '명덕'을 밝히고자 하는 자는 '선치기국'(先治其國), '먼저 그 나라를 제대로 다스려야 하는데', 이것을 『대학』식으로 달리 표현하면 뭐겠어요? '선명명덕어국'(先明明德於國), '먼저 자신의 나라에서 사람들로 하여금 그들의 명덕을 밝힐 수 있게' 해야겠지요. 이렇게 줄줄이 사탕으로 쭉 이어져 있답니다.

그 다음, 그 나라를 다스리고자 하는 사람은 먼저 자신의 집안을 가지런히 해야겠지요. 이 부분도 '선명명덕어가'(先明明德於家)로 보셔도 좋습니다. 사실 제가(齊家)가 무엇인지는 깊게 생각해 봐야지요. '제가', 자신의 집안을 제대로 다스려서 백성들이 감흥, 감발하는 출발점으로 삼으라는 거잖아요. 우선 '가지런할 제'(齊)를 볼까요? 여기에는 '제'에 대한 주석이 없군요. 하지만 『논어』「위정」의 "道之以政도지이정, 齊之以刑제지이형, 民免而無恥민면이무치", 즉 '인도하기를 법령으로써 하고 가지런히 하기를 형벌로써 하면 백성들이 형벌을 면하려고만 하고 부끄러움이 없어진다'라는 유명한 문장이 있지요. 주자는 '제'를 '하나로 만드는 것'[所以一之]이라 보았답니다. 공자는 덕으로 인도하고 예로 가지런히 해야만 부끄러움도 알고 선에 이르게 된다(道之以德도지이덕, 齊之以禮제지이례, 有恥且格유치차격)고 했는데, 그렇다면 '제가'가 집안사람들의 생각과 언행을 하나로 통일시키는 것인가, 이렇게 생각하실 수도 있겠네요. 하지만 그건 아니라고 봅니다. 강제로는 곤란하지요. 되지도 않고요. 가족 구성원이 각자 자신의 '명덕'을 밝히는 '수신'에 힘쓴다면 그 집안은 저절로 갈등이 사라지고 화목해지겠지요. '제가'의 '제'를 '화'(和)로 바꾸세요. '이심전심'(以心傳心)으로 서로 마음이 맞는 것이지요.

어떤 사람이 공자에게 왜 정치 참여에 적극적이지 않느냐고 물은 적이 있어요. 그때 공자가 이렇게 말했답니다. "『서경』에 '효성스럽도다! 효를 행하여 형제 사이에 우애가 있고 정치에 베푼다'고 했습니다. 이것이 바로 정치를 하는 것이니 어찌 지위가 있어야만 정치를 하는 것입니까?"(書云서운: '孝乎효호! 惟孝유효, 友于兄弟우우형제, 施於有政시어유정', 是亦爲政시역위정, 奚其爲爲政해기위위정? 『논어』「위정」) 무슨 말일까요? 효(孝)를 통해 '제가'를 하는 것이 바로 정치라는 겁니다. 물론 '효'가 '제가'의 전부는 아니지요. 가족 윤리 중에 기본이고 핵심이기 때문에 '효'로 말하는 것이지요. 아무튼 정치는 어디부터? 집안에서부터! '제가'의 정치술입니다. 아내와 아들딸의 의견을 억누르고 무조건 내 말을 따르게 하는 것이 '제가'는 아니지요. 물론 가능하지도 않고요. 가족끼리 따뜻한 기운을 느끼고 말하지 않아도 서로 마음이 소통하는 것이 '제가'구나, 이렇게 보시면 됩니다. '가지런할 제'를 '화'(和), '목'(睦)으로, 과감하게 '따뜻한 온'(溫)으로 바꾸고 싶네요.

그 다음에 '욕제기가자'(欲齊其家者), 그 집안을 화목하게 경영하고자 하는 사람은, '선수기신'(先修其身), 먼저 그 몸, 자신을 성찰해야 되지요. '수신'을 다른 말로 바꾼다면, 바로 '명명덕'이지요. 『대학』은 '수신학'(修身學) 교과서입니다. '수신', 이것이 팔조목의 중심이자 출발점이지요. '나'로부터 시작되고 '나'로 끊임없이 되돌아옵니다. 항상 나의 '수신'으로 돌아와서 점검하고 노력해야지요. 이름하여 '반구저기'(反求諸己)! 되돌이켜 자신에게 문제점을 찾아라, 가 되겠네요. '중용'의 실천 과정으로 보셔도 좋습니다. 항상 상황에 적합하게 생각하고 말하고 행동하자! '시중'(時中), '중용'(中庸)이지요.

팔조목의 중심에 '수신'이 있지요. '수신'에서 '제가'→'치국'→'평천하'로, 외부로 향해요. 나의 외부, 타자, 사회, 세상으로 확장됩니다. '추행'(推行)의 과정이지요. 여기에 당연히 집안의 가족관계도 포함됩니다. '나'와 '나의 가족'을 동일시하지 말아 주세요. '나'는 '나', '남편'은 '남편'… 각자 '수신'의 주체로 만나야 합니다. 유가(儒家)는 주체로 만나는 '나'와 '너', 가족 사이의 관계와 생활을 정치의 출발점으로 보는 철학입니다. 사실 고도의 정치술이지요. '나'로 출발해서 내 부모, 내 자식을 귀중히 여기는 마음을 확장하라, 이웃으로 나라로 천하로, 그러면 네가 사는 세상이 점차로 변하여 따뜻해지리라. 그럼 나의 내면에서 '나 홀로' 가야 하는 길은 무엇인가? 다시 '수신'! '수신'은 정심→성의→치지→격물의 단계로 점점 내려가고 깊어지지요. 『대학』은 나를 중심으로 삼아 외부 세계로 열려 있는 제가→치국→평천하의 도와 내면의 심화 과정인 정심·성의→치지·격물의 공부 과정을 유기적으로 설명하는 텍스트랍니다. 팔조목은 삼강령을 행동 지침으로 구체화한 것이지요. 강령 '명명덕'이 무엇인가? 격물→치지→성의→정심의 '수신' 과정이다. 강령 '친민'은 무엇인가? 제가→치국→평천하의 도이다. 강령 '지어지선'은 '명명덕'과 '친민'을 높은 수준에서 지속하는 것이다. 팔조목을 순환, 상승시키면서 점점 그 단계를 높이는 것이다, 이렇게 정리하시면 됩니다. 깔끔하지요.

'욕수기신자'(欲修其身者), 자신의 몸을 닦고 싶은 사람은 먼저 그 마음을 바르게 해야 한다고 하네요. '정심'(正心), 마음을 바르게 하는 것은 무엇일까요? 주자는 '마음'[心]은 몸을 주재하는 주인이라고 하지요. '심자 신지소주야'(心者 身之所主也), 심과 신의 관계에 대한 간단명료한 주석이지요. 몸의 주인인 마음을 바르게 유지하는 것이 '수신'의 핵심이라고 본 거랍니다. 그럼 '정심'을 하기 위해서는 무엇을 먼저[先]? 네, 먼저 그 뜻을 성실하게 해야겠지요(先誠其意). '성'(誠)은 '실'(實)이고 '의'(意)는 '마음이 발한 것'(心之所發)이지요. 몸을 주재하는 마음이 이런저런 상황에서 움직이게 되는데, 그 밖으로 드러남, 발현된 '의', 생각이 성실해야 한다는 겁니다. 여기서 '성'(誠)은 '성실히 하다', '정성스럽게 하다'라는 동사입니다.『중용』1장에서는 희로애락(喜怒哀樂)이 미발(未發)인 상태를 '중'(中)이라 하고, 발하여 도리에 맞는 것[中節]을 '화'(和)라고 합니다. 한마디로 '성정지정'(性情之正)의 발현이지요.『대학』에서는 '성의'입니다. 여기서는 '성의'를 '마음이 발한 것을 성실하게 하여 반드시 스스로 만족하고 스스로 속임이 없게 하는 것'(實其心之所發실기심지소발, 欲其必自慊而無自欺也욕기필자겸이무자기야)이라고 풀었군요. '자겸'(自慊), '무자기'(無自欺)가 눈에 확 띄네요. '만족할 겸'(慊), '속일 기'(欺)입니다. '성의'는 스스로 만족할 만한 자기 성실성에 이르러 자기기만(自己欺瞞)이 없는 것이지요. '무자기'(毋自欺), 자기를 속이지 말아야 그 다음 단계로 나아갈 수 있지요. 자신의 성실성 여부를 자신이 점검하는 겁니다. 이 역시 어려운 단계이지요. 항상 마음의 향방을 성찰하여 생각을 바르게 유지하는 것이 어디 쉬운 일인가요? 네, '신독'(愼獨)이라고요. 그렇습니다. '신독'은『중용』1장에도 나오지요. '군자는 그 혼자 아는 곳을 삼간다'(君子愼其獨也)라고요. 다른 말로 하면,

'지경'(持敬)입니다. 홀로 있을 때 신중하고 항상 자신의 내면에 집중하는 마음 수련이지요. 자신을 성찰하여 떳떳하다면 아무리 엄청난 군대도 대적할 수 있다(自反而縮자반이축, 雖千萬人수천만인, 吾往矣오왕의. 「공손추」상), 참고로 맹자의 말을 전해드립니다.

'성의'를 위한 수련, 훈련은 무엇일까요? '먼저 그 앎을 지극히 해야 한다'[先致其知]네요. '치지'(致知)는 '격물'(格物)에 있고요. 아이고, 그 유명한 『대학』의 '격물치지'가 나왔네요. 우선 '치'(致)는 '지'(至)로 끝까지 다하는 겁니다. '지'(知)는 '식'(識)으로, 추극(推極), 즉 나의 지식을 확장해서 그 아는 바가 다하지 않음이 없게 하는 것이지요. '앎'에 대한 철저한 탐구 정신, 주자학의 특징이기도 하답니다. 그런데 '치지'가 '격물'에 있다는 것은 '격물'을 통해 '치지'를 추구할 수 있고, 그렇게 해야만 한다는 거예요. 주자는 '격물'의 '격'을 '이를 지'(至), '물'은 '사물'(事物)로 풀었습니다. 사물에 내재된 자연의 이치를 철저히 궁구하여 나의 인식능력을 그 극처(極處), 최고 수준까지 높여야 한다는 겁니다. 이렇게 하다 보면 천하의 사물[天下之物]에 관통하는 이치를 알게 되겠지요. 이것이 바로 선인들의 학문 방법이었고, 후학이 따라야 한다고 본 거지요.

물론 '격물'(格物)에 대한 해석은 분분하지요. 후한(後漢)의 대학자 정현(鄭玄)은 '격'을 '오는 것'[來]으로 보고 '격물'을 '선을 아는 것이 깊으면 선한 일이 오고, 악을 아는 것이 깊으면 악한 일이 온다'고 풀었어요. 일이란 사람의 호오(好惡)에 따라 생기기 마련이라는 거지요. 왕양명은 '격'을 '바로잡을 정'(正)으로 보고, '격물'을 바르지 못한 것[不正]을 바로잡는 것[正]으로 보았어요. 그는 선과 악을 아는 선험적 능력을 '양지'(良知)라 하고 양지의 작용으로 선을 행하고 악을 제거하는 것을 '격물'로 본 것이지요. '즉사궁리'(卽事窮理), 사물 하나하나에 나아가 이치를 궁구하여 천하 만물에까지 확장해야 한다는 주자의 '격물치지'와는 완전히 다른 해석이지요. 연구자들이 주자는 객관적, 왕양명은 주관적 인식론을 지녔다고 하는 이유랍니다. 주자학과 양명학은 '격물치지'의 해석에서 정면으로 격돌하지요.

여기까지가 『대학』의 팔조목으로 증자가 공자에게 전수받은 고인(古人)의 '대인이 되는 법'이랍니다. 공부법이지요. 예나 지금이나 공부는 차근차근 순서를 밟아 가는 것이 중요하지요. 급한 마음에 진도를 급하게 빼고 싶지만 그러시면 안 됩니다. 선행학습을 한자로 엽등(躐等)이라 합니다. 등급, 차례를 뛰어넘는 것이지요. '뛰어넘을 렵'(躐), '등급 등'(等). 무작정 레벨 업, 아니 되옵니다. 과욕이 부른 사상누각(沙上樓閣)의 결말은 허무입니다. 책을 다 읽고도 아는 게 없어요. '백지'입니다. 되돌아갈 길도 막막하기만 할 뿐, 보이지 않지요. 저의 저렴한 표현으로는 '재건축이 신축보다 더 어렵더라', 이렇게. 한문 선생이 이런 표현을! 쯧.

1-5 물격이후物格而后에 **지지**知至하고 **지지이후**知至而后에 **의성**意誠하고 **의성이후**意誠而后에 **심정**心正하고 **심정이후**心正而后에 **신수**身修하고 **신수이**

후身修而后에 **가제**家齊하고 **가제이후**家齊而后에 **국치**國治하고 **국치이후**國治
而后에 **천하평**天下平이니라.

1-4는 '명명덕어천하'부터 시작하여 '선', '본'으로 내려오더니
여기서는 반대로 팔조목을 '격물'부터 순서대로 나열했군요. '후',
'말'의 방향이지요. 한번은 '선'으로 '평천하'에서 '격물'로, 또 한번
은 '후'로 '물격'에서 '천하평'으로 레고 조각을 맞추듯이 하네요. 이
런 과정을 반복해야만 공부가 단단해지겠지요.

1-4를 역순으로 해서, 여기서는 '물격', 사물의 지극한 이치에 이
른 후에 나의 앎이 지극해진다[知至]고 하네요. '물격'은 사물의 이
치를 끝까지 파고들어 가는 공부지요. 주자는 '물리지극처'(物理之
極處)를 궁구하여 남음이 없게 하라고 하네요. 철저한 공부법이지요.
'지지'는 '내 마음의 아는 바'(吾心之所知오심지소지)가 '다하지 않음이
없는 것'(無不盡무부진)입니다. '물격'을 하다 보면 내 마음의 앎이 그
이치의 극치에 이른다는 거지요. 나의 앎이 명백해지는 것은 사물에
내재된 자연의 이치가 저절로 이해되고 편안히 받아들여지는 공부의
결과겠지요. 공자가 말한 '이순'(耳順)의 경지가 아닐까요?

1-4의 '치지'(致知)와 여기의 '지지'(知至)가 어떻게 다른가, 궁
금하실 텐데요. 주자의 설명에 의하면 '치지'는 사물 하나하나 안에
만물의 이치가 내재되어 있다는 것을 궁구하는 과정[致]을 통하여 나
의 '지'(知)를 확장하는 것입니다. '지지'는 사물의 이치를 궁구한 이
후에 내 마음의 '지'가 이르러[至] 그 지극함[極]에 도달하는 것이지

요. '격물'의 결과가 '지지'라고 보시면 되겠네요.

　'지지' 이후의 과정은 '의성', '심정', '신수'로 이어집니다. '지지', 앎이 이르게 되면 행해야 할 도리가 명백해지겠지요. 행함도 편해질 겁니다. '知'를 통해 '行'으로 가게 된 것이지요. 주자의 '선지후행'(先知後行)의 방법론입니다. 그러면 마음이 발한 바, 뜻[意]이 성실해지지요. 몸을 주재하는 '뜻', '생각'이 성실해지면, 마음이 안정되겠지요. 바르고 편안한 상태가 유지되어 외물에 동요되지 않을 겁니다. '심정'이지요. 이러면 우리의 '몸'도 바르게 닦여집니다. 이것이 '수신'이자 '수신'의 과정이지요. 자, '격물치지', '성의정심'의 4단계를 한 단어로 집약하면, '수신'이고 '명명덕'이 되지요. '제가'부터는 '신민'(新民)이고 '치인'(治人)의 일이고요. 나의 '행'이 확장되는 '추행'(推行)입니다. 인의 실천 과정, '추기급인'(推己及人)으로 이해하시면 됩니다.

　『대학』 팔조목을 간략히 '수기치인'(修己治人)으로 정리하셔도 됩니다. 물론 시작은 '격물'이고 마지막은 '평천하'가 되겠지요. '성의'가 본(本)이 되면 '정심'이 말(末)이고, 다음 단계에서는 '정심'이 본이 되고 '수신'이 말이 됩니다. 팔조목이 이렇게 물고 물리면서 본말, 종시가 되기 때문에 선인(先人)의 공부법에 선후(先後)가 있었던 것이고요. 사실 지금 우리는 이런 생각 자체를 하지 않지요. 조급한 마음에 선행학습하고 진도에 급급해서 내가 왜 이 공부를 하고 있나 잊기 십상이지요. 휴~, 갑자기 아무 생각 없이 학원 순례 중인 학생들이 생각나서 가슴이 답답해지네요. 어쩌나….

1-6 자천자이지어서인自天子以至於庶人히 **일시개이수신위본**壹是皆以修身爲本이니라.

'일시'는 '일체'(一切), '모두'입니다. 저 높은 자리의 천자부터 평범한 일개 서인에 이르기까지 모든 사람이 '수신'을 근본으로 삼는다, 대단한 이야기 아닌가요? 놀랍지요. 당시 『대학』이 만들어진 사회는 천자, 제후, 경대부, 사, 서인의 신분 구별이 엄격했잖아요? 귀천(貴賤)을 하늘에서 주어진 분수(分數)로 알고 살던 시대에, '수신'을 사회 구성원 전체가 실현해야 할 기본 덕목으로 설정했네요. 『대학』 삼강령·팔조목은 인간으로 태어났으면 누구나 실현해야 할 '인간의 길'이라는 거지요. 『대학』을 '수신학'의 교과서라 할 만하네요. 팔조목 중에서 '격물', '치지', '성의', '정심'의 과정은 '수신'으로 수렴되고 '제가'부터는 '수신'의 주체가 집안에서, 나라에서, 천하에서 순차적으로 그 실천을 확장해 가는 것이라고 여러 번 말씀드렸는데요, '태학'의 입학생 중에 서인(庶人)의 자제 중에 우수한 자를 포함시킨 것은 왜일까요? 나라의 인재 풀을 넓히기 위해서지요. 『주역』에서 5효의 군주는 항상 2효의 재야의 인재를 찾지요. 군주 주변의 인물들은 개혁을 원치 않아요. 기득권 세력이 뭐가 아쉬워서… 혁신의 에너지는 재야에 묻혀 있는 평민 지식인에게서 나오지요. 군주는 재야에서 뜻을 펴볼 기회를 기다리는 인재를 만나려 합니다. 『주역』의 용어를 사용해서 말하면 건괘(乾卦)에서 구이(九二)의 현룡(見龍)은 구오(九五)의 대인(大人)을 만나는 것이 이롭고, 구오의 비룡(飛龍)은 구이의 대인을 만나는 것이 이롭다고 하지요. '이견대인'(利見大人)! 군주에게는 '현룡'이 대인이고, 지식인에게는 '비룡'이 대인이 되지요. 둘은 서로 만나야 됩니다. '현룡'과 '비룡'이 만나야만 새 정치, 새 시대가 열리니까요. '요'는 '순'을, '탕'은 '이윤'을 재야에서 발탁했지요. 어떻게? 과감하게!

1-7 기본란이말치자其本亂而末治者 **부의**否矣며 **기소후자**其所厚者에 **박薄이**요 **이기소박자**而其所薄者에 **후厚**는 **미지유야**未之有也니라.

　'경'의 마지막 부분입니다. 상경의 마지막 부분인 1-3에서 본말, 종시, 선후라고 했지요. 여기서는 본과 말, 후와 박이 나오네요. 여기서 '본'은 '수신'(修身)이지요. 상대적으로 '제가', '치국', '평천하'는 말(末)이 됩니다. 그 근본이 어지럽다[亂]는 것은 '격물', '치지', '성의', '정심'의 일련의 과정이 제대로 연마되지 않은 것입니다. '수신'이 단단히 되지 않고서 '제가치국평천하'를 이룰 수는 '부'(否), 없다고 확실히 말하네요. 모두 나 자신의 덕과 역량, '수신'의 힘으로 해나가야 하니까요.

　그 후하게 대해야 할 것(其所厚者), 먼저 할 것[先]은 '제가'의 '가'(家)입니다. 상대적으로 나라와 천하가 박하게 할 것(其所薄者), 나중[後]이 됩니다. 나라를 다스리고 천하를 안정시키기 위해서 먼저 '제가'가 되어 야지요. 만약 이것이 부족하다면 그 다음 단계를 제대로 할 수 없지요. '미지유야'(未之有也)는 '之'가 들어가 '결코 그런 경우는 없다'고 못을 박네요. '수신'을 근본으로 삼아야 하는 이유를 강조한 것인데, 그 표현이 강렬합니다. 사족을 달자면, 여기서 본과 말, 후와 박은 실천의 선과 후, 차례이지요. 무엇이 더 중요하고 덜한 차등이 있다는 것이 아닙니다. 차등이 아니라 순서일 뿐!

자, 여기까지가 『대학』 경문 전문(全文)입니다. 주자는 공자의 '말'을 증자가 조술(祖述)했다고 하지요. 공자는 자신은 '옛것을 믿고 좋아하지만'(信而好古신이호고), '술이부작'(述而不作)한다고 했지요 (『논어』「술이」). 자신이 알고 있는 전래의 학술·사상을 제자들에게 말로 전할 뿐, 새로운 이론을 주장하거나 글로 남기지 않겠다는 거지요. 그럼 여기서 증자가 '조술'했다는 것은 무엇일까요? 증자도 공자에게 배운 내용을 제자들에게 '말'로 전했다는 거지요. 다음은 증자의 뜻을 그의 문인들이 기록(記錄)한 전(傳) 10장이 이어집니다.『대학』 경문이 중요하다고 장황하게 말씀드렸으니 얼마나 중요한지는 다시 언급하지는 않겠습니다. 다만 낭송에 도전하시기를 강추합니다. 분량도 딱 적당하지요.『대학』의 핵심이 '수신'인데, 읽기 전과 읽은 후의 '나'가 달라져야겠지요. 책 따로 나 따로, 이거 곤란합니다. 매일 낭송을 통해『대학』을 몸에 착 달라붙이시기를!

전(傳)으로 들어가기 전에 아무래도 증자(曾子)에 대해 말씀드려야겠네요. 간략히라도. 사마천(司馬遷)의 『사기』(史記) 권67 「중니제 자열전」(仲尼弟子列傳)에 나오는 증자의 기록을 볼까요?

> 증삼(曾參)은 남무성(산동성 비현 서남쪽) 사람이며 자가 자여(子 輿)이다. 공자보다 46년 연하이다. 공자는 그가 효도에 능통하 다고 여겨 가르침을 베풀었다. 그는 『효경』(孝經)을 지었으며 노나라에서 세상을 마쳤다.(曾參증삼, 南武城人남무성인, 字子輿자 여. 少孔子四十六歲소공자사십육세. 孔子以爲能通孝道공자이위능통효도, 故授之業고수지업. 作孝經작효경. 死於魯사어노.)

놀라워라! 사마천의 기록은 적어도 두 가지 점에서 놀랍습니다. 우선 분량이 너무 적어요. 증자가 공자의 학맥을 이었다고 전해지는 데, 이게 뭔가요? '열전'에 실린 35명 제자 중에서 자공(子貢), 자로 (子路)의 풍성한 기록과는 비교할 수가 없네요. 담대멸명(澹臺滅明), 원헌(原憲)에도 미치지 못한답니다. 둘째, 『대학』이 아니라 『효경』을 지었다고 하네요. 급 당황! 『효경』은 후한의 역사가 반고(班固)의 『한 서』「예문지」에도 "공자가 증자를 위하여 효도를 진술한 것"(孔子爲 曾子陳孝道也)이라 되어 있답니다. 현재 고문, 금문 『효경』이 전해지 는데, 공자와 증자가 효에 대해 나누는 문답으로 되어 있어요. 작자에 대한 의견은 분분하지요. 공자설, 증자설, 증자의 제자설 등등. 주자 는 고문 『효경』을 세밀히 검토한 후에 경문 1장과 전 14장으로 재구성하여 『효경간오』(孝經刊誤, 1186년·57세)를 편찬했답니다. 어쩐지 익숙하시지요? 경과 전으로 나눈 것이. 네, 그렇답니다. 하지만 주자는 『효경』을 후인의 견강부회로 보았어요. 공자와 증자의 이름을 빌린 위작(僞作)이라는 거지요. 그럼 사마천의 기록은? 그냥 미스터리로 남아 있답니다.

그래도 귀중한 정보가 있네요. 증자의 이름과 자도 알 수 있고, 공자와의 나이 차이도 알 수 있으니까요. 『논어』 「선진」을 보면 증자의 아버지 증점(曾點)도 공자의 제자였으니까, 아버지와 아들이 공자에게 배웠군요. 안회의 아버지 안로(顔路)도 공자의 제자였지요. 안회와 증자의 집안은 아버지와 아들이 모두 같은 선생에게 수학한 드문 경우이지요. 이런저런 자료로 보면 증자는 공자의 만년, 14년간의 장기 외유(外遊), 떠돌이 생활을 마치고 귀국한 68세 무렵에 만난 제자로 추정됩니다.

노년의 공자와 청년 증자의 만남과 수학 과정은 『논어』에 남아 있지요. 무려 15회나 등장한답니다. 자로(42회), 자공(38회)만큼은 아니지만 안연(21회), 염유(16회)에 밀리지 않지요. 열전을 읽을 때의 섭섭함을 채워 주지요. 더구나 '증자'로 기록되어 있어 『논어』의 편찬 과정에 그의 제자들이 관여했다고 추정할 수 있지요. 『대학』 이해에 도움이 될 만한 『논어』의 구절들을 보고 갈까요?

증자가 말했다. "나는 매일 세 가지 일로 나 자신을 반성한다.

다른 사람을 위하여 일을 도모하면서 충실하지 않았는가? 친구
와 사귀면서 미덥지 않았는가? 배운 것을 충분히 익히지 않았
는가?"

曾子曰증자왈: "吾日三省吾身오일삼성오신, 爲人謀而不忠乎위인모이불
충호? 與朋友交而不信乎여붕우교이불신호? 傳不習乎전불습호?"(「학이」)

증자가 말했다. "부모의 초상에 정성을 다하고 조상을 추모한
다면 백성의 덕이 순후하게 될 것이다."

曾子曰증자왈: "愼終追遠신종추원, 民德歸厚矣민덕귀후의."(「학이」)

공자께서 말씀하셨다. "삼아! 나의 도는 하나로 관통하고 있
다." 증자가 바로 대답했다. "네." 공자가 나가자 문인들이 물었
다. "무슨 말씀이십니까?" 증자가 대답했다. "선생님의 도는 충
과 서일 뿐이다."

子曰자왈: "參乎삼호! 吾道一以貫之오도일이관지." 曾子曰증자왈: "唯
유." 子出자출, 門人問曰문인문왈: "何謂也하위야?" 曾子曰증자왈: "夫
子之道부자지도, 忠恕而已矣충서이이의."(「이인」)

증자가 병이 심해지자 제자들을 불러놓고 말했다. "이불을 열
고 내 발을 보고 내 손을 보아라. 『시경』에 말하기를 '두려워 전
전긍긍하는 것이 마치 깊은 연못가에 서 있는 듯하고, 얇은 얼

음을 밟은 것과 같이 하라'고 했는데, 이제서야 내가 벗어나게

되었구나! 애들아!"

曾子有疾증자유질, 召門弟子曰소문제자왈: "啓予足계여족! 啓予手계여

수! 詩云시운: '戰戰兢兢전전긍긍, 如臨深淵여림심연, 如履薄氷여리박

빙.' 而今而後이금이후, 吾知免夫오지면부! 小子소자!"「태백」

증자가 말했다. "사(士)는 도량이 넓고 의지가 굳세지 않으면

안 되니 임무는 무겁고 갈 길은 멀기 때문이다. 인을 자신의 임

무로 삼았으니 이 또한 막중하지 않겠는가? 죽은 뒤에야 이 일

이 끝나니 또한 멀지 않은가?"

曾子曰증자왈: "士不可以不弘毅사불가이불홍의, 任重而道遠임중이도

원. 仁以爲己任인이위기임, 不亦重乎불역중호? 死而後已사이후이, 不亦

遠乎불역원호?"「태백」

증자가 말했다. "군자는 학문으로 친구를 사귀고 친구로 인의

수준을 높인다."

曾子曰증자왈: "君子以文會友군자이문회우, 以友輔仁이우보인."「안연」

참고자료 분량이 너무 많은가요? 증자가 어떤 사람인지 감이 오

시지요. 다시 한번 쭉 읽어 주십시오. 증자에 대한 이미지를 가지고

가야 하거든요. 그런데 저는 증자에 대한 공자의 언급 중에서 오직 한

단어에 주목하고 싶답니다. '魯'! 공자는 제자들의 부족한 점을 쭉 나열하면서 "자고는 어리석고, 증삼은 노둔하고, 자장은 편벽되었고, 자로는 거칠다."("柴也愚시야우, 參也魯삼야노, 師也辟사야벽, 由也喭유야언." 「선진」)라고 했어요. '노둔할 노'(魯)는 '미련하다', '둔하다'는 거지요. 천하의 인재들이 모두 공자의 제자가 되겠다고 찾아왔으니, 그들 중에 얼마나 날고뛰는 수재들이 많았겠어요. 안회, 자공, 염유, 자하, 자장… 정말 대단하지요. 맹자는 공자에게 심복(心服)한 제자만도 70명이 있었다고 하잖아요. 공자가 제자복은 많은 분이지요. 그런데 증자는 처음 공자를 만났을 때 어리바리 둔한 학생이었던 모양입니다. 위로가 되지요? 노둔하다는 말까지 들은 증자가 꾸준히 공부해서 결국은 공자의 학맥을 이은 것이니까요. '나의 도는 일이관지'라는 어려운 말도 바로 알아듣고 자기 식으로 재해석했지요. '선생님의 도는 충(忠)과 서(恕)일 뿐'이라고. 노둔(魯鈍)했던 학생이 영민(英敏)한 수제자가 되는 순간이지요. 같은 자리에 있던 제자들은 뭔 말씀인가 했으니, 저는 과감하게 증자가 공자의 의발(衣鉢)을 전수받는 순간으로 본답니다. 지식인[士]의 책임을 자임하고 매일 세 가지를 반성하면서 성실히 공부한 결과가 아닐까요. 증자 이야기가 길어졌네요. 증자는 『맹자』에도 22차례나 등장하지만 여기서는 그냥 넘어가겠습니다. 이제 다시 바짝 정신 집중하고 『대학』 전(傳)으로 돌아가야 합니다. 갈 길이 멀군요.

전傳 1장

康誥曰 "克明德".
강 고 왈 극 명 덕

太甲曰 "顧諟天之明命".
태 갑 왈 고 시 천 지 명 명

帝典曰 "克明峻德".
제 전 왈 극 명 준 덕

皆自明也.
개 자 명 야

「강고」에서 말하였다. "능히 덕을 밝힌다."

「태갑」에서 말하였다. "이 하늘의 밝은 명을 항상 돌아본다."

「제전」(「요전」)에서 말하였다. "능히 큰 덕을 밝힌다."

이는 모두 자신의 명덕을 스스로 밝히는 것이다.

이제부터 전(傳)인데, 전 1장은 삼강령 중 '명명덕'(明明德)을 푼 것입니다. 짧지요? 주자는 증자의 문인이 증자의 뜻[曾子之意]을 기록한 것이라 했어요. 증자의 임종을 지킨 제자일 수도 있겠네요. 원래 전은 성인이 쓰신 경을 풀어 해석한 것이지요. 주자는 『예기』 소재 「대학」을 '사서'(四書)의 하나로 가져오면서 원문을 경문과 전으로 편집했어요. 텍스트에 무게를 실은 거지요. 공자, 증자의 이름으로. 하지만 그 과정에서 어려움을 겪었답니다. 자신의 논지가 매끄럽게 만들어지지 않는 거예요. 이거 심각한 문제였지요. 고민의 결론은? 구본(舊本) 「대학」에 착간(錯簡)이 많기 때문이라고 생각하게 되었어요. 착간이 뭡니까? 책의 편과 장의 순서가 섞여 어긋난 것이지요. 고대 문헌은 대나무 조각을 가죽 끈으로 묶었으니까 끈이 낡아 끊어진다든가, 중간에 조각 하나가 빠지거나 잘못 들어간다든가 하면서 순서가 어긋나는 경우가 있었지요.

주자에 앞서 정이천 선생도 『예기』에 실린 「대학」의 문장 차례를 바꾸었어요. 이것을 주자가 다시 경과 전으로 편집하고 전 5장이 없어졌다고 판단한 후에 자신의 글로 보충했지요. 일명 '보망장'(補亡章)이랍니다. 파격적이지요, 글의 순서를 과감하게 바꾼 것도 모자라서 글을 지어 집어넣다니! 이게 바로 왕양명 선생이 비판한 지점이기도 하지요. 여기서는 『예기』 '고본대학'에 대한 궁금증은 일단 접어주십시오. 주자의 『대학장구』와 비교해 가면서 읽는 것은 좋은 선택이 아니랍니다. 별도로 읽으시는 것이 좋아요. 두 개의 텍스트가 섞이면서 머리가 지끈지끈, 괴롭지요. 이번 강좌는 『대학장구』를 읽어 가면서 주자의 목소리에 집중하는 것으로….

주자가 지적하는 전문(傳文)의 또 다른 문제점은 『시』·『서』와 같은 경전의 잡다(雜多)한 인용이랍니다. 저도 유감입니다. 왜 이리 잡다하게 인용문이 나오고 또 나오는가, 강의하기 어렵지요. 물론 여러분도 전을 읽어 가다 보면 경문의 어느 부분과 어떻게 연결된다는 건지 혼선이 일어납니다. 『대학』은 다 읽은 후에 경 따로 전 따로가 될 수도 있어요. 이럴 때는 다시 경문으로 돌아가시는 것이 좋겠지요.

우선 전 1장만 해도 짧은 글 안에 『서경』 인용문이 세 개나 나와요. 「강고」, 「태갑」, 「요전」이 줄줄이~. 인용문끼리 서로 맥락이 잡히지 않는 경우도 있지요. 하지만 주자는 전의 문장들이 문리(文理)가 이어지고 혈맥이 관통하여 심천(深淺)과 시종(始終)이 지극히 정밀(精密)하다고 한답니다. 결론은? 숙독(熟讀)하고 자세히 맛보면[詳味] 보인다, 알 수 있다! 보아라! 선생님들은 항상 이렇게 말씀하시죠. 하긴 이런 말씀을 하시는 분들이 선생님이지요. 남이 한 번 읽으면 너는 열 번, 백 번 읽고 생각하라고. 어찌 합니까! 우리보다 먼저 그렇게 하신 분들의 경험담인데. 깊게 읽고, 천천히 음미해야지요. 그럼, 숙독과 음미의 길로 가 볼까요?

강고康誥에 **왈극명덕**日克明德이라 하며 **태갑**太甲에 **왈고시천지명명**日顧諟天之明命이라 하며 **제전**帝典에 **왈극명준덕**日克明峻德이라 하니 **개자명야**皆

自明也니라.

'석명명덕'(釋明明德), '명덕을 밝힘을 해석했다'는 소제목이 붙어 있는 전의 수장(首章)이랍니다. 우선 인용된 책과 한자의 뜻부터 알아봐야겠네요. 「강고」, 「태갑」, 「제전」은 모두 『서경』의 편명입니다. 『대학』에는 유난히 『서경』 인용문이 많아요. 현재 전해지는 『서경』 58편은 요·순·우·탕·무왕·주공 등의 말들을 기록한 기언문(記言文)이지요. 여기서 '나는 『서경』을 읽지 않았는데 어떻게…' 하면서 위축되실 필요 없답니다. 제가 아는 한 『서경』 읽은 후에 『대학』 읽는 사람은 없으니까요.

「강고」의 '고'(誥)는 아랫사람에게 훈계한다는 뜻인데, 주(周) 무왕(武王)이 동생 강숙(康叔)을 위(衛)의 제후로 봉하면서 훈계한 내용이지요. 여기서 '이길 극'(克)은 '능할 능'(能)입니다. '극'이 '능'으로 해석되는 경우가 종종 있지요. 「태갑」은 상(商)의 4대 왕 태갑과 탕(湯)의 유신(遺臣) 이윤(伊尹) 사이의 일들을 기록한 것인데, 현재 『서경』에는 상·중·하편으로 나누어져 있답니다. 인용문은 「태갑」 상편으로 이윤이 태갑에게 쓴 글의 첫 문장이지요. 태갑은 상을 세운 탕의 손자인데, 어린 나이에 등극하여 제대로 왕 노릇을 하지 못하다가 재상 이윤에게 3년 동안 추방된 인물입니다. 태갑은 할아버지 탕의 무덤이 있는 동궁(桐宮)에서 마음고생하면서 뼈아프게 반성한 후에 다시 왕이 될 수 있었지요. 신하가 임금을 추방할 수 있느냐고요? 이전에 맹자의 제자 공손추(公孫丑)가 벌써 그런 질문을 했답니다. 신하가 자기 욕심을 채우기 위해 임금을 쫓아냈다면 찬탈이지만, 나라와 백성을 위한 불가피한 선택이었다면 괜찮다, 맹자의 대답이랍니다 (『맹자』「진심」상). 태갑 이야기가 길어졌네요. '돌아볼 고'(顧)는 '항상 눈이 거기에 있는 것'(常目在之也^{상목재지야})을 말합니다. 그만큼 생각하고 또 생각하는 것이지요. '이 시'(諟)는 '이 시'(是), '이 차'(此)와 같은 지시사로 보시면 됩니다. 현재『서경』에는 두 개의 '전'[二典]이 있지요.「제전」이라 할 수 있는 것은「요전」(堯典)·「순전」(舜典)인데, 인용된 구절은「요전」에 들어 있습니다. '典'은 모범이 되는 글을 말하지요. '높을 준'(峻)은 '크다'[大]는 뜻인데,「요전」에는 '뛰어날 준'(俊)으로 되어 있어요. 이 짧은 글에『서경』인용문이 연거푸 3번이나 나오니 잡다하긴 잡다하네요.

「강고」에서는 '능히 덕을 밝힌다'고 했는데, 여기서 '명'은 동사이고 '덕'(德)은 강령의 '명덕'을 말합니다.「태갑」에서는 '이 하늘의 밝은 명(命)을 항상 돌아본다'고 했는데, 하늘의 '明命'은 '하늘이 나에게 부여한 것으로 내가 덕으로 삼는 것'(天之所以與我^{천지소이여아}, 而我之所以爲德者^{이아지소이위덕자})이지요. '명명'(明命)을 '명덕'(明德)으로 해석한 것인데, 이 둘의 관계를 어떻게 봐야 할까요? 간단히 말하자면, '명명'은 '명덕'의 근원이기도 하지요. 하늘이 나에게 주었다고 하면 '명명'이 되고, 내가 하늘에서 받은 것으로 보면 '명덕'이 되니까요. 명칭은 다르지만 그 이치, 실상은 하나이지요.『중용』에서는 하늘이 명한 것을 '성'(性)이라고 했지요(天命之謂性).『대학』의 '명덕'

이 『중용』의 '성'이지요. 『맹자』의 '성선'(性善)이기도 하고요.

「제전」에서는 '능히 큰 덕을 밝힌다'고 했군요. '준덕'(峻德)이 '대덕'(大德)이고 '명덕'(明德)이지요. 이렇게 세 개의 문헌에서 '덕', '명명', '준덕'을 인용하여 '명명덕'을 푼 겁니다. 결론은? '모두 자신의 명덕을 스스로 밝히는 것이다', '자명'(自明)이 중요하다는 것이죠. 누가 무엇을 어떻게? 내가 가지고 태어난 명덕을 스스로 밝혀야 한다는 것이지요. 답이 너무 간단명료하네요. 누가 시켜서가 아니라 스스로 자기의 덕[己德], 자기가 가지고 있는 본연의 능력[性]을 최대한 계발해야 한다는 것이죠. 여기서 '스스로 자'(自)가 제일 중요합니다. '격물치지'도 내가 스스로 주체적으로, '성의정심'도 내가 스스로 내 힘으로, 모든 인간은 '명덕'을 가지고 태어난 이상, 그것을 밝히는 것도 주체적·자발적으로 해야 한다는 겁니다. '불능'(不能), 할 수 없는 일이 아니라, '불위'(不爲), 하지 않을 뿐이다. 한 걸음을 내딛어도 내가 하는 것이다!

여기서 '克明俊德'으로 시작하는 「요전」의 문장을 읽어 보고 가겠습니다.

능히 큰 덕을 밝혀서 일가친척을 친하게 하시니 일가가 이미 화목해졌고, 백성들이 고르게 밝아졌다. 백성이 스스로 그 덕을 밝혀 천하의 제후국들이 협력하여 화합하게 하셨도다. 백성들이 아! 변하여 이에 화합하도다.(克明俊德국명준덕, 以親九族이친구

족, 九族旣睦구족기목, 平章百姓평장백성, 百姓昭明백성소명, 協和萬邦협화
만방, 黎民여민, 於變時雍오변시옹.)

위대한 요 임금이 자신의 준덕을 밝혀서 '제가', '치국', '평천하'
를 이루었다고 하네요. 『대학』의 삼강령이 『서경』 「요전」에는 이렇게
나오는군요. '평천하'라는 위대한 업적의 출발점, '명명덕'입니다.

사실 『대학』의 주제와 가장 비슷한 책을 들라면 단연코 『서경』이
거든요. 『대학』 삼강령 팔조목이 『서경』에는 58편으로 길게 확장되어
있다고 보셔도 된답니다.

전傳 2장

湯之盤銘曰 "苟日新, 日日新, 又日新".
탕 지 반 명 왈 구 일 신 일 일 신 우 일 신

康誥曰 "作新民".
강 고 왈 작 신 민

詩曰 "周雖舊邦, 其命維新".
시 왈 주 수 구 방 기 명 유 신

是故君子無所不用其極.
시 고 군 자 무 소 불 용 기 극

탕왕의 대야에 새긴 글에서 말하였다.

"진실로 하루를 새롭게 했거든 나날이 새롭게 하고 또 날마다 새롭게 하라."

「강고」에서 말하였다.

"새로워지는 백성들을 진작시켜라."

『시』에서 말하였다.

"주나라가 비록 오래된 나라이나 그 천명은 새롭도다."

그러므로 군자는 그 지극함을 쓰지 않음이 없다.

'석신민'(釋新民), 신민을 풀이한 전 2장입니다. 주자는 '친민'(親民)을 '신민'(新民)으로 풀지요. 그러니 여기서도 당연히 '신민'을 풀었다고 한 것이지요. '친민', 백성을 가까이하는 것만으로는 부족하다고 여긴 겁니다. 자, '신민', '스스로 새로워지는 백성'을 만나 봅시다. 2장에도 인용문이 연속으로 세 번 나오고 '시고'로 묶어서 결론을 냈군요.

탕지반명湯之盤銘에 **왈구일신**曰苟日新이어든 **일일신**日日新하고 **우일신**又日新이라 하며 **강고**康誥에 **왈작신민**曰作新民이라 하며 **시**詩에 **왈주수구방**曰周雖舊邦이나 **기명유신**其命維新이라 하니 **시고**是故로 **군자**君子는 **무소불용기극**無所不用其極이니라.

네, 유명한 '일신우일신'(日新又日新)과 유신(維新)이 나오는군요. 상나라를 세운 '탕'(湯) 임금은 위대한 군주란 뜻으로 '이룰 성'(成) 자를 붙여서 '성탕'(成湯)이라고도 하는데요. '소반 반'(盤) 목욕용 대야인데, 그 그릇 안에 글자를 새긴 모양이네요. 목욕 중에 읽으셨겠지요. '새길 명'(銘)은 금속류에 새긴 글자를 말하는데, 청동, 철이나 돌에 새긴 금석문(金石文)은 고대사 연구의 귀중한 자료랍니다. 우리 고대사 연구의 주요 자료인 '광개토대왕비', '진흥왕순수비' 등에 새겨진 글도 모두 금석문이지요. 탕 임금이 몸의 때를 씻는 큰 대야 안에 마음의 때까지 씻어 내겠다는 의지로 새긴 '자경'(自警)의 문구가 '구일신 일일신 우일신'(苟日新 日日新 又日新)인 거죠. 물론 목욕 대야는 남아 있지 않고 이 구절만 전해진답니다. '진실로 하루를 새롭게 했거든 나날이 새롭게 하고 또 날마다 새롭게 하라', 줄여서 '일신우일신'이고 더 줄이면 '일신'(日新)이 되겠지요. 나날이 새롭게 하기를 조금의 '간단'(間斷), 끊어짐이 없이 하라는 거지요. '세심'(洗心), 마음을 씻어 새롭게 하는 것을 '세신'(洗身), 몸을 씻듯이 하라. 실감이 나시나요? 평생 몸의 때를 씻듯이 마음에 끼는 사욕의 더러움을 씻어 내라는 건데, 탕 임금은 목욕 대야 안에서 이런 생각을? 탕의 '자신'(自新), 스스로 새롭게 하는 노력이 이러했다는 건데… 혹시 여러분도? 굳이 막지는 않겠습니다만.

'강고왈작신민'(康誥曰作新民), 「강고」는 전 1장에 이어 여기서도 출연하는군요. '작신민', 딱 3글자만 인용했군요. '신민을 만든다', 이렇게 하면 되지만, 주자는 작(作)에 포인트를 두었지요. '고지무지지위작'(鼓之舞之之謂作), '북 치고 춤추게 하는 것'을 '작'이라 한다, 백성들이 손을 올려 이렇게 이렇게 자연스럽게 춤추게 하라는 거지요. 누가 유도했는지 모르면서. 고지무지(鼓之舞之), '북칠 고'(鼓)와 '춤출 무'(舞)자입니다. 백성들이 북을 치고 춤을 춘다는 건데, 이게 무슨 뜻일까요? '언진기기자신지민야'(言振起其自新之民也), 그 스스로 새로워진 백성을 '진기', '떨쳐 일어나게 하는 것'이라네요. '떨칠 진'(振)자를 써서 '진기', 떨치고 일어난다는 것인데, 누가 이렇게 시키는가? '명덕'을 밝힌 성인(聖人)이고, 성인의 정치가 이렇다는 겁니다. 백성을 '신민'으로 만들고 계속 신민으로 살 수 있게 진작시킨다는 건데, 정치가 바로 교화(敎化)가 되는 지점이지요. '일신우일신'의 과정에서 부족한 점을 채워 나간 백성들이 '신민'이 된 이후에도 그들을 지속적으로 고무, 진작시켜 그 수준을 유지할 수 있게 이끌어야겠지요. '지어지선'의 단계입니다. 그런데 여기서 그 이전 단계가 '자신지민'(自新之民)입니다. 탕 임금과 같은 군주를 만나게 되면 '스스로 새로워진 백성'이 될 수 있다는 것이죠. 특정한 계기에 백성한 사람 한 사람이 구태를 벗어나 새로운 존재로 살겠다고 자각하고 실천하는 '新民'이 될 수 있다는 겁니다. 맹자는 백성들에게 항산(恒産), 먹고살 길을 마련해 준 후에는 그들에게 교육을 행하여, 항심(恒心)을 가지고 살게 해야 한다고 하지요(「양혜왕」상). '신민'으로 가는 길에는 교육, 교화가 있답니다. 다만 백성들이 그 변화 과정을 모르게 하라! 자신의 자발적 선택으로, 새로운 주체로 거듭났다는 자부심을 갖게 하라. '고지무지'에는 그런 뜻이 있어요. 사실 이것은 유가의 '유위'(有爲)의 정치론이 도가의 '무위지치'(無爲之治)와 만나는 지점이기도 하지요. 『노자』17장을 보면, 최상의 덕을 지닌 군주의 정치는 백성들이 그의 공을 모르는 것이에요. 그래서 공이 이루어지고 일이 마무리되어도 백성들은 모두 '우리들이 본래 이렇다'고 하지요(功成事遂공성사수, 百姓皆謂我自然백성개위아자연).

'시왈 주수구방 기명유신'(詩曰 周雖舊邦 其命維新), 지금 50대 이상인 분들은 70년대 유신시대에 대한 우울한 기억을 가지고 계시지요. 일본의 메이지유신(明治維新), 10월 유신, 할 때의 그 '유신'의

원 출전은 『시경』 '대아'(大雅) 「문왕」(文王)이랍니다. 여기의 '詩'도 「문왕」이지요. 『대학』·『맹자』·『중용』에는 시 인용이 많지요. 『시경』에 대해 간략히 말씀드리면, 공자가 3,000여 편의 시를 300편으로 정리했다고 하지요. 공자의 『시경』 산시설(刪詩說)인데, 현재 『시경』 311편은 풍(風)·아(雅)·송(頌)으로 분류되어 있답니다. '풍'은 민간가요, '아'는 제후가 외국 손님이나 신하들과 회합을 하거나 연회할 때 연주한 음악이지요. '송'은 종묘 제례악이구요. '아'를 다시 '소아'(小雅), '대아'(大雅)로 나누는데, '소아'는 잔치 음악이고 '대아'는 회합할 때 썼다고 합니다. 「문왕」은 '대아'에 있어요.

'주수구방 기명유신'(周雖舊邦 其命維新), '주나라가 비록 오래된 나라이나 그 천명은 새롭도다', 이 구절은 『맹자』 「등문공」 상에도 인용되어 있는데, '惟新'으로 되어 있어요. '유신'의 '바 유'(維)자는 해석하지 않는 허자(虛字)라서 '신'(新)을 '천명이 새롭다'로 풉니다. 허자로 쓰이는 '維', '惟', '唯'는 서로 통용됩니다. 이 구절은 주(周)의 문왕에 이르러 천명을 받게 되었다는 것으로 왕조교체를 말해요. 제후국이었던 주나라가 천자의 나라가 되었다는 거지요. 주자는 '문왕에 이르러 능히 그 덕을 새롭게 하여 백성에게까지 미쳐서 비로소 천명을 받게 되었다'(至於文王지어문왕, 能新其德以及於民능신기덕이급어민, 而始受天命也이시수천명야)고 풀었군요. 저는 여기서 '명명덕'(明明德)을 '신기덕'(新其德)으로 바꿔 표현한 것이 눈에 띄네요. 문왕이 받은 '신명'(新命), 새로운 천명의 출발점이 문왕의 '명명덕', '자신의 덕을 새롭게 하는 데' 있다는 거니까요. 그럼 왜 '주'나라를 '구방', 오래된 나라라고 했는가? '주'의 시조가 요순 시대 농사일을 주관하던 '후직'(后稷)이거든요. 『서경』「순전」(舜典)을 보면 농업 담당 장관을 후직이라고 해요. '기장 직'(稷)은 오곡의 신이기도 하지요. 나라를 세운 후에는 왕조의 뿌리를 소급해서 올라가기 마련인데 '주'는 후직을 시조로 삼은 거지요.

이왕 '후직'이 나왔으니, 『사기』에 나오는 후직 이야기를 할까요? 후직의 이름은 '기'(棄)입니다. 아이 이름을 '버릴 기'로 짓다니, 사연이 있겠네요. 네, 있답니다. 『사기』「주본기」에 의하면 '기'의 어머니 강원(姜嫄)은 오제(五帝) 중의 한 명인 제곡(帝嚳)의 정비랍니다. 그런데 이 여인이 들판에 나갔다가 거인의 발자국을 보게 되었는데, 왜 그랬을까요? 마음에 흔연(欣然)히 '열'(悅), 기쁨이 솟아올라 그 발자국을 밟고 싶어졌다네요. 어쩌나! 발자국을 밟았더니 몸이 흔들렸고 임신이 돼 버렸으니, 그때 낳은 아이가 '기'인 거죠. 처음에 아이를 길가, 산속, 얼음에 버렸기 때문에 이름이 '버릴 기'(棄)랍니다. 네, 햇빛으로 잉태하여 고구려 주몽을 낳은 유화(柳花)의 이야기와 구조가 같지요. 왜 나라를 세운 아들들은 하나같이 남편의 자식이 아닐까요? 엄숙하기 그지없는(?) 『대학』을 읽으면서 이런 민망한 이야기를… 이 부족은 후에 12대손 고공단보(古公亶父, 증손자 무왕이 태왕으로 추존)가 융적을 피해 기산(岐山)으로 와서 정착했지요. 그런데 손자 창(昌, 문왕)이 비범한 거예요. 어쩌나! 창은 막내아들 계력(季

歷)의 아들이었거든요. 고공단보는 고민 끝에 막내아들 계력에게 부족장의 지위를 물려주지요. 문왕의 아들 무왕 발(發)이 은나라의 주(紂)를 정복하고 주나라를 건국하게 됩니다. 막냇동생에게 자리를 빼앗긴 태백(太伯)과 우중(虞仲), 고공단보의 두 아들은 형만(荊蠻)으로 가서 문신을 하고 살았다는 이야기가 전해지고요. 그래서 『사기』 「오태백세가」(吳太伯世家)를 보면 오(吳)의 시조가 '태백'으로 되어 있어요. 공자는 "태백은 지극한 덕을 지닌 인물이었을 것이다. 세 차례나 천하를 양보했는데도 백성들이 그를 칭송할 길이 없었다"(泰伯其可謂至德也已矣태백기가위지덕야이의! 三以天下讓삼이천하양, 民無得以稱焉민무득이칭언, 『논어』 「태백」)고 했어요. 태백의 양보가 있어서 무왕의 주 건국이 가능했다는 거지요. 이렇게 '구방'(舊邦), 주(周)의 천여 년 역사를 5분 만에 정리하고 넘어가네요.

'시고 군자무소불용기극'(是故 君子無所不用其極), '이런 까닭에 군자는 그 지극함을 쓰지 않음이 없다', 번역은 했지만 '극'이 무엇인가? '극'이 남는군요. 주자는 이 문장을 '스스로 새로워지고 백성을 새롭게 함을 모두 지선에서 그치고자 함이다'(自新新民자신신민, 皆欲止於至善也개욕지어지선야)라고 풀었어요. '다할 극'(極)을 '지어지선'(止於至善)으로 본 거지요. 전 2장은 '신민'을 '명명덕'과 '지어지선'의 연결고리 안에서 풀고 있네요. 하기야 『대학』 삼강령은 원래 이런 관계이지요. '명명덕'이 되어야 '신민'이 가능해지고, 사적인 나의 '명명덕'과 공적인 나의 '신민'이 같이 '지어지선'의 단계까지 이르러야 하니까요. '추행'(推行)이고 '서'(恕)의 실천이지요.

전 2장에서 '명명덕'은 탕 임금의 '일신'(日新)이자, 각 개인의 '일신'이지요. '신민'은 '새로워진 백성을 진작시키는 것'이고 문왕의 '유신'이지요. 주자가 주(註)에서 말한 '자신'(自新)은 '일신'의 '명명덕' 과정이고 '신민'(新民)은 '작신민', '유신'이 됩니다. 그러니 군자가 쓰는 '극'은 '지선'(至善)의 수준에서 '명명덕'과 '신민'을 지속하는 것이지요. '지어지선'(止於至善)이 『대학』의 군자가 추구하는 '극'이랍니다. 대단하지요? 그 극을 쓴다, 그 최고 수준을 지향한다는 것이니까요. 경 1-2에 나오는 '지지'(知止) 이후의 성취 과정이기도 하겠지요. 차선을 물으신다면? 군자에게 차선은 없답니다. '내성외왕'(內聖外王)의 길로 갈 뿐이지요. 쭉 직선으로 곧게 '극'을 향해 가지요.

전傳 3장

3-1 詩云 "邦畿千里, 惟民所止".
시 운 방 기 천 리 유 민 소 지

3-2 詩云 "緡蠻黃鳥, 止于丘隅".
시 운 면 만 황 조 지 우 구 우

子曰 "於止, 知其所止. 可以人而不如鳥乎!"
자 왈 어 지 지 기 소 지 가 이 인 이 불 여 조 호

3-3 詩云 "穆穆文王, 於, 緝熙敬止."
시 운 목 목 문 왕 오 즙 희 경 지

爲人君止於仁, 爲人臣止於敬, 爲人子止於孝,
위 인 군 지 어 인 위 인 신 지 어 경 위 인 자 지 어 효

爲人父止於慈, 與國人交止於信.
위 인 부 지 어 자 여 국 인 교 지 어 신

3-4 詩云 "瞻彼淇澳, 菉竹猗猗. 有斐君子,
시 운 첨 피 기 욱 녹 죽 의 의 유 비 군 자

如切如磋, 如琢如磨. 瑟兮僴兮, 赫兮喧兮, 有斐君子,
여 절 여 차 여 탁 여 마 슬 혜 한 혜 혁 혜 훤 혜 유 비 군 자

終不可諠兮".
종 불 가 훤 혜

如切如磋者, 道學也 ; 如琢如磨者, 自修也 ;
여 절 여 차 자 도 학 야 여 탁 여 마 자 자 수 야

瑟兮僴兮者, 恂慄也 ; 赫兮喧兮者, 威儀也 ;
슬 혜 한 혜 자 준 률 야 혁 혜 훤 혜 자 위 의 야

有斐君子, 終不可諠兮者, 道盛德至善, 民之不能忘也.
유 비 군 자 종 불 가 훤 혜 자 도 성 덕 지 선 민 지 불 능 망 야

3-5 詩云 "於戲, 前王不忘".
시 운 오 호 전 왕 불 망

君子賢其賢而親其親, 小人樂其樂而利其利,
군 자 현 기 현 이 친 기 친 소 인 락 기 락 이 리 기 리

此以沒世不忘也.
차 이 몰 세 불 망 야

『시경』의 시에서 말하였다.

"왕의 도성 천리여, 오직 백성들이 머물러 사는 곳이네."

『시경』의 시에서 말하였다.

"우짖는 저 황조여! 울창한 산언덕에 머물러 있구나."

공자가 말씀하셨다.

"저 새도 머무름에 그 머무를 곳을 아니 사람이면서 새만도 못할 수 있겠는가?"

『시경』의 시에서 말하였다.

"깊고도 원대하신 문왕이여, 오호라! 계승하여 밝고 빛나시며 공경하여 머무시도다."

다른 사람의 군주가 되어서는 인에 머물렀고, 다른 사람의 신하가 되어서는 경에 머물렀고, 다른 사람의 자식이 되어서는 효에 머물렀고, 다른 사람의 아버지가 되어서는 자애에 머물렀으며, 나라 사람들과 사귐에는 신에 머무르셨도다.

『시경』의 시에서 말하였다.

"저 기수의 물 굽이진 곳을 바라보니 푸른 대숲 우거졌어라. 멋진 군자여! 자

른 듯 가는 듯, 쪼아 낸 듯 하며 문지르는 듯 하구나. 엄숙하고 굳세며 빛나고 성대하니, 멋진 군자여! 끝내 잊을 수 없구나!"

'여절여차'는 배움을 말한 것이고, '여탁여마'는 스스로 자신을 닦는 것을 말한 것이다. '슬혜한혜'는 두려워 조심하는 마음을 말한 것이요, '혁혜훤혜'는 위엄 있는 모습을 말한 것이다. '유비군자, 종불가훤혜'는 그의 성대한 덕과 지극한 선을 백성들이 능히 잊지 못함을 말한 것이다.

『시경』의 시에서 말하였다.

"아아, 전왕을 잊지 못하노라."

군자는 그가 어질게 여겼던 것을 어질게 여기고 그가 친하게 여겼던 것을 가까이하며, 소인은 그가 즐겁게 해준 것을 즐겁게 여기고 그가 이롭게 해준 것을 이롭게 여기니, 이것이 전왕이 세상을 떠나셨어도 잊지 못하는 이유이다.

전 3장은 '지어지선'(止於至善)을 풀이한 것인데, 말씀드릴 내용이 많네요. 『시경』의 시에서 인용한 구절이 5개나 연속되는군요. 주자가 나눈 『대학』의 '십전'(十傳)은 이렇게 분량이 들쑥날쑥하답니다. 5개의 절로 나누어 보겠습니다.

3-1 시운詩云 방기천리邦畿千里**여 유민소지**惟民所止**라.**

첫번째 인용은 5편이 남아 있는 '상송'(商頌) 중 「현조」(玄鳥)의 구절이군요. '상'은 탕(湯) 임금이 세운 나라 이름으로, 19대 왕 반경(盤庚)이 수도를 '은'으로 옮긴 이후 나라 이름도 '은'이 되었지요. '현조'는 제비인데 은의 시조 '설'(契)의 어머니인 '간적'(簡狄)이 하늘에서 떨어진 제비의 알을 삼키고 아들 설을 낳았다고 전해진답니다. 왜 이러실까요? 후직의 어머니 강원도 설의 어머니 간적도.^^ '설'은 요 임금 때의 사도(司徒)로 오륜을 가르친 교육부 장관이었지요.

왕이 직접 통치하는 직할지, 도읍을 '방기'(邦畿)라고 하는데 '경기 기'(畿)자 이지요. '기내'(畿內) 하면 서울을 말합니다. 직역해 볼까요? "왕의 도성 사방 천 리의 땅이여! 백성들이 머물러 사는 곳이로다", '지어지선'과 무슨 상관인지, 뭔 말인지, 금방 알 수가 없답니다.

원시 「현조」에서야 의미가 통하지요. 그 다음 구절이 "여기서부터 온 천하를 다스리셨네"(肇域彼四海조역피사해)이니까요. 고대사회에서 왕이 있는 '경기'(京畿)는 세상의 중심이었지요. 사방에서 경기에 머물러 살고 싶어했어요. 왕은 직할지 주변을 제후에게 봉해 주어

울타리, '번국'(藩國)으로 삼았고요. 그러니 상의 군주가 도성부터 잘 다스리기 시작하여 그 힘이 천하까지 미쳤다는 거지요. 그 결과 천하의 제후들이 조회를 오게 되었고요.

하지만 여기서는 8글자만 단장취의(斷章取義)하여 다른 뜻으로 썼습니다. '유민소지'의 '소지'(所止)가 백성들이 '머물러 사는 곳'에서 '지어지선'의 '지'(止)가 되었네요. 왕의 땅 사방 천리가 백성들이 머물러 편하게 사는 곳인 것처럼 '지선'(至善)은 모든 사람이 마땅히 추구해야 할, 편히 머물 수 있는 궁극의 가치라는 것이지요. '지'는 '있을 거'(居)로 '지선'에 항상 머무는 것이죠. 견강부회(牽强附會)라고요? 약간 그럴지도? 하지만 주자는 '이 세상의 모든 사물에는 각각 마땅히 머물러야 할 바의 자리가 있다'(物各有所當止之處也물각유소당지지처야)고 풀었답니다. 모든 사람이 세상의 중심인 왕의 도성에서 편히 살듯이 사람이면 누구나 '지선'의 이치를 알고 거기 머물러야 한다, 이렇게 본 것이죠.

3-2 시운詩云 면만황조緡蠻黃鳥**여 지우구우**止于丘隅**라 하거늘 자왈**子曰 **어지**於止**에 지기소지**知其所止**로소니 가이인이불여조호**可以人而不如鳥乎**아 하시니라.**

시 제목이 「면만」(緡蠻)인데, 새 울음소리를 표현한 의성어이지요. '緡'은 '낚시줄 민'이지만 여기서는 '새소리 면'으로 쓰였답니다. '오랑캐 만'(蠻)도 여기서는 새소리입니다. 그런데 『시경』에는 제목이 「면만」(綿蠻)으로 되어 있습니다. 차이가 있지요. 고문헌 자료에는 종종 이런 경우가 있답니다.

‘면만황조’, ‘우짖는 황조여,’ 이런 뜻이에요. ‘황조’ 하니까 당연히 고구려 유리왕이 지었다는 ‘편편황조’(翩翩黃鳥)로 시작하는 「황조가」가 생각나실 겁니다. 제가 국문학사 시간에 고대가요 「황조가」로 수업할 때는 ‘황조’를 ‘꾀꼬리’로 번역할 수 있는가, 유리왕이 지은 것이 아니라 당시 민간가요를 부른 것이 아닌가? 두 여인 화희와 치희의 관계는? 등등으로 장황하게 설명한답니다. 여기서는 ‘황조’가 아니라 ‘지우구우’(止于丘隅)의 ‘지’(止)에 집중해야지요. ‘구우’의 ‘隅’는 ‘모퉁이’인데요, ‘구우’는 산의 높고 울창한 곳[岑蔚]입니다. 자, ‘우짖는 황조여, 울창한 산언덕에 앉아 있도다’를 어떻게 ‘지어지선’과…? 다행히 공자의 풀이가 있군요. 공자가 말했지요. ‘새도 머무름[止]에 그 머무를 곳을 아는데 사람이면서 새만도 못할 수 있겠는가?’라고. ‘황조’와 같은 미물(微物)도 자신이 안전하게 머물 곳을 아니, 사람이라면 ‘마땅히 머물러야 할 바의 곳’[所當止之處]을 알아야 한다는 것이죠. 공자의 시 해석이 스트레스 주는군요. 까딱하면 ‘새만도 못한 인간’이 되니까요. 사람이라면 누구나 마땅히 알아야 할 ‘당지지처’, 마땅히 머물러야 할 곳이 어딘가요? 네, 『대학』에서는 두말할 것 없이 ‘지선’이지요. 그럼 어떻게 누구나 알 수 있는가? 인간이라면 누구나 선천적으로 ‘허령불매’한 인식능력을 가지고 있다, 주자 철학의 출발점이기도 하지요. 마땅히 알 수 있다, 마땅히 알아야 한다, 이렇게 연결됩니다. '당지'(當知)! '마땅히'가 붙은 말을 행하려면 힘들지요. 힘들어도 '새만도 못한 인간'으로 살 수는 없는 노릇이고….

3-3 시운詩云 목목문왕穆穆文王**이여 오즙희경지**於緝熙敬止**라 하니 위인군**爲人君 **지어인**止於仁**하고 위인신**爲人臣 **지어경**止於敬**하고 위인자**爲人子 **지어효**止於孝**하고 위인부**爲人父 **지어자**止於慈**하고, 여국인교**與國人交 **지어신**止於信**이라.**

　이 장도 시 인용과 그 풀이로 되어 있는데, 인용 다음에 '자왈'(子曰)이 없군요. 우선 시부터 볼까요? 전 2장에서 나온 시 「문왕」(文王)이 다시 나왔네요. 주공(周公)이 아버지 문왕의 덕을 찬미한 작품으로 전해지는 「문왕」은 전체가 7장인데, 인용된 부분은 4장 첫 구절입니다. '목목문왕'(穆穆文王), 문왕이 어떻다는 걸까요? '화목할 목'(穆)인데 '목목', 이렇게 글자를 겹쳐 쓰면 형용사가 되어 '심원'(深遠), 뜻이 깊고도 원대하다는 의미가 됩니다. '어조사 어'(於)는 감탄사로 '오'로 읽어 주세요. '아아', '오호라', 정도로 보시면 돼요. '즙희경지'(緝熙敬止)의 '지'(止)가 핵심어인데, 정작 『시경』의 「문왕」에서는 '지'를 조사(助詞)로 보고 해석하지 않는답니다. '止'는 『시경』 안에서는 대표적인 조사로 쓰여 해석하지 않지요. 그런데 여기서는 핵심어가 되었군요. 이래도 되냐고요? 네, '단장취의', 가능하답니다.

　'즙'(緝)은 '계속하는 것'[繼續]이고 '희'(熙)는 '빛나고 밝은 것'

[光明]입니다. '즙'하여 '희'하시고, '경'(敬)하여 '지'(止)하셨다, 이렇게 '즙희', '경지'로 보시면 '뜻이 깊고 원대하신 문왕이여! 계속하여 밝고 빛나시며 공경하여 머무시도다', 이렇게 되겠네요. 그 다음부터는 시를 푼 것인데 누가 한 말인지 표시가 없군요. 주자는 『대학』의 전을 증자의 말을 그의 문인들이 기록한 것이라고 했으니, 맥락상 증자의 말로 봐야겠지요. 하지만 사실 애매합니다. 이렇게 보면 3-2의 '자왈'도 증자의 말이 되는데 모든 주석이 공자의 말로 보니까요.

'위인군', 다른 사람의 군주가 되어서는, '위인신', 다른 사람의 신하가 되어서는, '위인자', 다른 사람의 자식이 되어서는, '위인부', 다른 사람의 아버지가 되어서는, '여국인교', 나라 사람들과 사귐에는, 이렇게 보시면 되지요. 그런데 '위군'(爲君)이라 하지 않고 '위인군'(爲人君)이라 한 것이 눈에 띄는군요. '人'자가 들어가서 나와 다른 사람과의 관계가 분명해지네요. 누구나 평생 살면서 타자와의 관계 속에서 여러 역할을 하기 마련이지요. 또 주어진 위치, 역할에 따라 각자 해야 할 최선의 경지가 있고요. 여기서는 군주, 신하, 자식, 부모, 국인과의 관계를 말하네요. 얼추 우리가 일생 동안 감당해야 할 모든 역할이 다 나왔군요. 지금 무엇을 풀고 있다? 네, 시의 '경지'(敬止)를 '지어지선'(止於至善)으로 보는 겁니다. 길을 잃지 맙시다.

문왕이 군주가 되어서는 '인'(仁)에 그치고, 신하의 처지에서는 '경'(敬)에 그치고, 아들의 처지에서는 '효'(孝)에 그치고, 부모가 되어서는 '자'(慈)에 그치고, 국인과 사귈 때에는 '신'(信)에 그쳤다는 건데, '그치다'[止]가 무엇인가? 인용한 시 구절 '즙희'와 '경지'에서 '경지'를 이렇게 5항목으로 푼 것이랍니다. 주자는 '경지'(敬止)를 '공경하지 않음이 없어 그칠 바에 편안함'(其無不敬而安所止也기무불경이안소지야)이라고 봤어요. '성인의 그침'[聖人之止]이 '지선'이 아님이 없지만 이 다섯 가지가 그 조목 중에 큰 것이라는 거지요. 결국 '인'은 군주가 행하는 정사(政事)의 '지선'(至善)이고, '경'은 신하가 군주를 받들 때의 '지선'이지요. '효'는 자식의 '지선'이고, '자'는 부모의 '지선'입니다. 국인과의 관계에서 지선은 '신'인데, 문왕이 국인과의 교제에서 시종일관 속이거나 딴마음을 가진 적이 없이 '신'에 지극했다고 하네요.

그럼 '지'(止)는 무엇인가? 인륜의 덕목인 '인', '경', '효', '자', '신'의 '지선'을 항상 유지하는 거지요. 문왕을 찬미한 시 두 구절에서 문왕이 인륜(人倫)의 덕목인 '인', '경', '효', '자', '신'을 최고 수준으로 실현했다는 해석을 끌어내다니, 대단하지요. 감탄이 절로 나옵니다. 공자와 증자의 시 해석 능력에 매번 놀라게 된답니다. 결론은 문왕이 '즙희경지' 했듯이, 『대학』을 배우는 학인들도 인륜을 밝혀[緝熙] '지선'에 도달해야 한다는 것이지요. '즙희'는 무엇으로? 네, '격물치지'의 공부로. 새들도 본능적으로 머무를 곳을 아는데 하물며 사람이! 3-2에서 무엇을 행하라는 건지가 궁금하셨다면 3-3에서 무엇을 어떻게 알고 실천해야 하는가가 분명해졌네요.

3-4 시운詩云 **첨피기욱**瞻彼淇澳한데 **녹죽의의**菉竹猗猗로다 **유비군자**有斐君子여 **여절여차**如切如磋하며 **여탁여마**如琢如磨라 **슬혜한혜**瑟兮僩兮며 **혁혜훤혜**赫兮喧兮니 **유비군자**有斐君子여 **종불가훤혜**終不可諠兮라 하니 **여절여차자**如切如磋者는 **도학야**道學也요 **여탁여마자**如琢如磨者는 **자수야**自修也요 **슬혜한혜자**瑟兮僩兮者는 **준률야**恂慄也요 **혁혜훤혜자**赫兮喧兮者는 **위의야**威儀也요 **유비군자종불가훤혜자**有斐君子終不可諠兮者는 **도성덕지선**道盛德至善을 **민지불능망야**民之不能忘也니라.

'절차탁마'! 워낙 유명한 성어(成語)가 나오니 반갑네요. 하지만 풀어야 할 글자, 구절이 많아서 갑갑해지기도 합니다. 무엇부터? 9구나 되는 시 구절부터 찬찬히 살펴볼까요? 시 제목은 '위풍'(衛風)에 있는 「기욱」(淇澳)인데요, 위무공(衛武公)의 덕을 찬미한 노래라고 합니다. '기'(淇)는 황하의 지류로 하남성을 흐르는 강이지요. '깊을 욱'(澳)은 물굽이를 말합니다. '푸를 녹'(菉)이니 '녹죽'은 푸른 대나무이지요. '기수의 물 굽이진 곳을 바라보니 푸른 대숲 우거져 있도다', '아름다울 의'(猗)를 겹쳐 써서 푸른 대나무가 무성하고 아름다운 모양을 표현했군요. 『시경』에서 이렇게 주변의 사물을 통하여 시상을 일으키는 방식을 '흥'(興)이라고 하는데, 기수 물가의 푸른 대나무를 읊고는 '유비군자'를 찾는군요. '광채 날 비'(斐)는 '문모'(文貌)라고 되어 있는데, 세련되고 멋진 모습이지요.

이제 '여절여차 여탁여마'를 볼까요? 여(如)는 '~인 듯 하다'이지요. 뼈나 뿔[骨角]을 가공하려면 일단 칼이나 톱으로 끊어낸 다음에 줄과 대패로 갈아서 다듬어야겠지요. '끊을 절'(切), '갈 차'(磋), 멋진 군자가 '자른 듯 갈아 다듬은 듯 하다'는 것인데, 여기서는 강습하고 토론하는 '학'(學)을 말했다고 보았네요. 공부 과정이 그렇다는 거지요. '도학', '도성덕지선'의 '도'(道)는 모두 동사로 '말하다'입니다. 옥이나 돌[玉石]을 가공하려면 우선 망치나 끌로 쪼아낸 다음에 사석(沙石)으로 매끄럽게 갈아야지요. '쫄 탁'(琢), '갈 마'(磨), 멋진 군자가 '쪼는 듯 하고 매끄럽게 문지른 듯 하다'는 것인데 '자수'(自修), '스스로 닦아서 성찰하여 사욕을 물리치는 것'을 말한 것이지요. '자수', '준률', '위의' 앞에 '道'가 생략된 걸로 봐 주세요. 결국 '절차'는 학문을 해나가는 과정이고, '탁마'는 성찰을 통하여 내면화시키는 과정으로 본 것이지요. '절차'와 '탁마'의 과정을 나누어 보면, '절'한 후에 '차'하고, '탁'한 후에 '마'를 하지요. 반대로는 안 됩니다. 학문에도 수행에도 선후의 순서를 따라야만 정밀해질 수 있겠지요.

여기서 『논어』「학이」편의 공자와 자공(子貢)의 대화가 생각나시는 분들 계실 텐데요, 거기서도 '절차탁마'가 나오지요. 나중에 외교관으로 대성한 자공이 묻지요. 가난하면서도 아첨하지 않고, 부유하면서도 교만하지 않으면 어떠냐고요. 자공은 대단하다고 생각해서 물은 건데 선생 공자는 그것도 훌륭하지만 가난하면서도 도를 즐기고 부유하면서도 예를 즐기는 것만은 못하다고 합니다. 역시 공자는 한 수 위지요. 똑똑한 제자 자공은 바로 알아듣고 한마디 더 하지요. 아! 『시경』에서 말한 '절차탁마'가 이런 뜻이군요. 바로 말귀를 알아듣고 시까지 인용하니 얼마나 대견했겠어요? 이때 공자는 기쁨을 참지 못하고 엄청 칭찬합니다. 너와는 시를 말할 수 있겠다고, 하나를 말해 주니 가르치지 않은 것도 척척 안다고. 대부분의 선생은 칭찬에 박한 편이잖아요. 공자도 칭찬에 박한 선생인데, 이때만큼은 엄청 칭찬한답니다. 상황에 딱 맞는 시 구절을 인용했기 때문이지요. 이런 것이 바로 '단장취의'의 구체적 사례라고 할 수 있어요. 같은 작품인데 『논어』와 『대학』에서 의미가 달라졌잖아요? 어느 것이 원시의 뜻과 더 가깝냐고요? 아이고, 단장취의는 원 텍스트와의 관계를 따지는 것이 아니라 인용문 안의 맥락이 적합한가만 본답니다. 『논어』의 절차탁마도 『대학』의 절차탁마도 모두 훌륭하지요. 그럼 '굿!'입니다.

다음 '슬혜한혜 혁혜훤혜'(瑟兮僴兮 赫兮喧兮), '엄숙하고 굳세며 빛나고 성대하다'를 볼까요? '큰 거문고 슬'(瑟)자는 부부 금슬(琴瑟)이 좋다고 할 때 그 '슬'자란 말이죠. 근데 여기서 '슬'자는 '엄밀'(嚴密)한 모습입니다. 빈틈없이 주도면밀한 것이지요. 다음 '혜'(兮)자는 어조사예요. 해석하지 않지요. 그러니까 시구를 네 글자씩 맞추기 위해서 들어간 글자죠. 『시경』이해의 첫걸음은 해석하지 않는 '허자'(虛字)와 의미 있는 '실자'(實字)를 구별하는 것이랍니다. '굳셀 한'(僴)자는 위풍당당한 모습이에요. '빛날 혁'(赫)과 '의젓할 훤'(喧)은 크게 드러나고 성대한 모습이고요. 그런데 '슬혜한혜'는 '준률'(恂慄)을, '혁혜훤혜'는 '위의'(威儀)를 말한 것이라 하네요. '엄할 준'(恂), '두려워할 률'(慄)자인데, 두 글자가 합쳐져서 '전구'(戰懼),

두려워한다는 뜻이 됩니다. 군자가 격물치지의 공부를 대하는 마음은 조금의 게으름도 없이 삼가고 긴장하는 것이지요. 어느 정도의 공부이기에 그 강도를 '두려움'으로 표현할까요? 독하다구요? 물론 독하게 정진해야지요. '혁혜훤혜'는 '위의'(威儀)를 말한 것이지요. '위'는 '가히 두려워함'[可畏]이고 '의'는 '가히 본받음'[可象]인데, 이건 또 무슨 소린가요? '준률'은 내면의 긴장감이고 '위의'는 자연스럽게 외부로 드러난 본받을 만한 모습이지요. '준률'과 '위의'는 표리관계라고 보시면 됩니다. '지선'을 향한 공부의 결과, 내면의 덕이 자연스럽게 밖으로 드러나 다른 사람들이 범접하기 어려운 위엄과 본받을 만한 언행이 빤짝빤짝 빛나게 된 것이지요.

'유비군자 종불가훤혜'(有斐君子 終不可諠兮)까지가 시 인용이랍니다. '훤'(諠)은 '잊는다'인데, '불가훤'이니 '멋진 군자를 끝내 잊을 수 없다'고 하네요. 흠, 이 시는 확실히 멋진 남성을 연모하는 여인의 노래입니다. 하지만 여기서는 어떻게 푸나요? 네, 정말 재미없이 풀지요. '여절여차'는 배움을 말한 것이고, '여탁여마'는 스스로 닦음이에요. '슬혜한혜'는 준률, 긴장을 풀지 않고 공부하는 것을 말해요. '혁혜훤혜'는 위엄 있는 언행입니다. '유비군자 종불가훤혜'는 군자의 '성대한 덕과 지극한 선을 백성들이 능히 잊지 못하는 것'을 말한 것이라 하지요. 군자의 성대한 덕[盛德]이 '지선'에 이른 것이지요. 재미없네요. 가슴 설레던 여인은 '백성'이 되고 멋진 남성은 명실상부한 '군자'가 되고 말다니. 하지만 어쩌겠어요? 『대학』의 이 부분이 워낙 유명한걸요. 「기욱」 시의 '절차탁마'는 군자가 '명덕'(明德)을 밝히는 과정이 되고 말았지요. 지금도 '절차탁마'를 이렇게 쓰지요. 점차로 연마하는 과정을 거쳐 다음 단계로 나아가는 것으로. 강습과 토론, 성찰과 마음 다스리기에 힘쓰는 군자는 자연히 나태하거나 폼 잡는 일이 없겠지요. 항상 삼가고 두려워하겠지요. 가야 할 길이 머니까요. 그의 행동거지에 빈틈이 없을 겁니다. 그러면 어느 순간 '지선' (至善)에 이르게 됩니다. 이렇게 군자의 단단한 내면 공부가 밖으로 성대해지면 백성들이 우러러보게 되고, 그 결과 백성들도 스스로 변화하게 된다[自化]는 거지요. '신민'이 됩니다. '절차탁마'하는 군자를 보면서 자연스럽게. 군자의 '명명덕'이 '지어지선'으로 가는 과정에서 '신민'이 이루어지는군요. '신민'의 근본? 정치를 맡은 군자의 '명명덕'이지요.

3-5 시운詩云 오호於戲라 전왕불망前王不忘이라 하니 군자君子는 현기현이 친기친賢其賢而親其親하고 소인小人은 락기락이리기리樂其樂而利其利하나니 차이몰세불망야此以沒世不忘也니라.

또 시가! 그런데 인용은 단지 여섯 글자뿐인데 해설이 길군요. 미리 말씀드리자면, 주자는 '君子賢其賢而親其親, 小人樂其樂而利其利'의 동사만 가져다가 '親賢樂利'친현락리로 줄여서 전 10장을 마무리할 때 사용한답니다. '평천하'가 무엇인가? 답은, '친현'하는 군자와 '락리'하는 소인이 '각각 그 자리를 얻는 것'[各得其所]이다. 사회구성원 각자가 제대로 자기 삶을 살아가면 천하가 안정된다는 것이죠. 아휴, 전 10장은 한참 뒤에 나오지만, 그래도 그냥 넘어갈 수는 없어서 이렇게 간단히…

'於戲'는 '오호'입니다. '어조사 어'(於), '놀 희'(戲)는 감탄사로 쓰일 때는 '오호'라고 읽습니다. '오호'(嗚呼)와 같지요. '오호! 전왕 불망', 여기까지가 시입니다. 짧지요. '주송'(周頌), 「열문」(烈文)의 마지막 구절이랍니다. 무왕을 이은 아들 성왕(成王)이 제후들과 같이 종묘에서 선조에게 제사 지낼 때 연주한 노래이지요. '열문'은 '큰 공덕을 세우신 훌륭하신 조상님'이란 뜻이고요. 원시에서는 '오호라! 지난 시대의 왕들을 잊지 마시기를!'으로 풀지요. 제사에 참석한 후손들을 경계시키는 것이니까요. 제발 조상이 뼈 빠지게 고생해서 물려준 나라를 오만과 나태로 말아먹지 말라고.

여기서는 후대의 군자와 소인이 각각 전왕을 잊을 수 없는 이유를 나누어 설명하네요. 주자는 '전왕'은 문왕과 무왕[文·武]이고 군자는 후대의 현인과 후대의 왕[後賢·後王]이라고 봅니다. 그럼 소인은? 후대의 백성[後民]이지요. 군자와 소인배의 소인이 아니라 노력자(勞力者), 열심히 일해서 세금 성실히 내는 백성을 말합니다. 왜 후손들이 문왕과 무왕 같은 위대한 군주를 잊지 못하는가? 신분에 따라 각자 그 이유가 다르다는 거지요. 전왕이 물려준 나라와 제도를 계승하고 있는 후대의 왕과 현인은 당연히 전왕을 기억하고 추모해야겠지요. '현기현'의 '기현'(其賢)은 '구장성헌'(舊章成憲), 한마디로 전왕이 물려준 법률 제도, 국가 조직을 말합니다. 이것을 '전왕의 어진 것'이라 해서 우리를 헷갈리게 한답니다. 후대의 군자들이 전왕이 남긴 훌륭한 제도를 지금도 어기지 않고 충실히 따르고 있다[賢其賢]는 거지요. '친기친'의 '기친'(其親)은 '창업수통'(創業垂統)으로 전왕이 나라를 세워 후손에게 남겨 준 것을 말하지요. 전왕이 '친한 것'이 바로 창업한 나라와 그 혈통입니다. 후대의 군자들이 전왕이 남겨 준 나라를 친하게 여겨[親其親] 계승하여 지킨다는 겁니다. '군자현기현이 친기친', 바로 이런 뜻이랍니다. 글자는 중1 한문인데, 풀이가 대학원이군요. 잘 따라오고 계신 거죠? 믿습니다.

'소인락기락이리기리'(小人樂其樂而利其利), 이제 소인, 후민(後民)이 왜 전왕을 잊지 못하는가를 볼까요? 전왕이 즐거워한 것[其樂]은 '풍순속미'(風純俗美), 백성들의 삶을 순박하고 아름답게 한 것입니다. 후대의 백성들이 그가 즐거워했던 것을 즐겁게 여기는[樂其樂] 것은 전왕의 좋은 정치로 인해 지금까지 백성들이 태평한 세상에서 살게 되었기 때문이지요. 전왕이 이롭게 여긴 것[其利]은 정전(井田)을 나누고 집터를 주는 등 먹고살게 해준 것을 말합니다. '항산'이 가능하도록 토지를 나누고, 경제 정책을 펼쳤다는 겁니다. 예나 지금이나 민생의 출발은 먹고사는 것, 식(食)이지요. 후대의 백성들이 전왕의 은택을 입게 된 것, 그것이 '그가 남긴 이로움을 이롭게 여겨'[利其利], 오래도록 잊지 못하는 이유이지요.

군자는 나라와 제도를 물려받았으니 전왕을 잊지 못하고, 소인

은 먹고살 수 있는 기반과 태평한 세상을 남겨 주었으니 전왕을 잊지
못한다, 물론 주자의 해석입니다. 하긴 이 정도 물려주었다면 후손과
후민이 잊지 못할 만하지요. '가라앉을 몰'(沒)인데 '몰세'는 '세상을
떠나는 것'이고, '몰세불망'은 전왕이 돌아가셨어도 잊지 못하는 것
이지요. 다른 해석도 있지요. '몰세'를 군자와 소인이 죽을 때까지로
보는 거지요. 여기서는 주자의 풀이를 따랐답니다. 자, 이렇게 시와
해석을 봤는데요, 여전히 의문이 남지요. 네, 이것이 '지어지선'(止於
至善)과 어떻게? 다시 주자의 주를 봐야겠군요. 이렇게 편집한 분이
주자니까요.

주자는 문왕과 무왕의 정치가 '신민', '지어지선'을 추구했다고
확신합니다. 맹자가 요순·문무의 시대를 왕도(王道)가 구현된 이상
시대로 설정한 것과 같아요. 자, 그럼 어떻게 되나요? 전왕이 '신민'
을 '지선'으로 이끌었던[止於至善] 아름다운 정치를 후손에게 남겼
어요. 주자 스타일로 바꾸면, '천하의 백성과 후손들로 하여금 한 사
람도 그 자리를 얻지 않음이 없게 한 것'(能使天下後世능사천하후세, 無
一物不得其所무일물부득기소)이지요. '기소', '그 자리'는 각자 자신의 삶
이 있어야 할 바로 그 자리, 이지요. '止於至善'입니다. 이것이 후손들
이 돌아가신 전왕을 사모하고 잊지 못하는 이유입니다. 지금까지 우
리를 제대로 먹고살 수 있게 해주신다. 무엇으로? 제도와 문화로! 주
자는 군자와 소인이 잊지 못하는 이유를 말하는 이 부분이 맛이 깊으
니 제대로 음미하려면 '숙완'(熟玩)하라고 하네요. 푹 익을 때까지 생

각하고 생각하라! 사실 숙완하지 않을 수 없지요. 벌써 실감하셨겠지만, 『대학』은 결코 쉽게 읽히는 책이 아니니까요. 마지막 전 10장까지 '숙완'해야겠네요.

여기까지가 『대학』 삼강령을 푼 전 1, 2, 3장입니다. '명명덕', '친민', '지어지선'을 본말, 선후로 체인처럼 엮어서 해석했네요. '선', '본'이 되어야 그 다음 '후', '말'이 가능해지지요. '명덕'에 실패했다면, '신민'은 없지요. '명명덕'과 '신민'이 된 후에야 '지어지선'으로 갈 수 있고요. 주자가 구성한 '수신학'의 구조가 단단하군요. 이래서 『대학』을 '수신학' 교과서라 하는 것이겠죠. 얼렁뚱땅 대강 넘어가기, 『대학』에는 없습니다.

3-4, 3-5 부분은 『고본대학』에서는 '성의'(誠意)장(전 6장) 아래에 있답니다. 주자가 전 3장으로 팍! 옮긴 것이지요.

傳 4장

子曰 "聽訟, 吾猶人也. 必也使無訟乎!"
자 왈 청 송 오 유 인 야 필 야 사 무 송 호

無情者, 不得盡其辭, 大畏民志, 此謂知本.
무 정 자 부 득 진 기 사 대 외 민 지 차 위 지 본

공자께서 말씀하셨다. "송사를 듣고 처리하는 일은 나도 다른 사람과 마찬가지이다. 그러나 그보다는 반드시 송사가 없게 해야 할 것이다."

실상이 없는 자가 그 말을 다하지 못함은 백성의 뜻을 크게 두렵게 하신 것이니, 이를 일러 '근본을 안다'고 하는 것이다.

길고 길었던 3장이 끝나고 이제 4장이군요. 우선 짧아서 좋네요. 이런 부분도 있어야지요. 전 4장은 본말(本末)을 풀이한 것입니다. 경문의 1-3 부분, '物有本末물유본말, 事有終始사유종시, 知所先後지소선후, 則近道矣즉근도의'에 대한 전이지요. 이 세상의 모든 일에는 본말, 시종이 있기 마련이니 먼저 할 일과 나중에 할 일을 알게 되면 '도'에 가깝게 되겠지요. 무엇이 본이고 말인지를 알아보러 출발해 볼까요?

자왈子曰 **청송**聽訟이 **오유인야**吾猶人也나 **필야사무송호**必也使無訟乎인저 하시니 **무정자**無情者가 **부득진기사**不得盡其辭는 **대외민지**大畏民志니 **차위지본**此謂知本이니라.

　　공자의 말은 『논어』 「안연」에 그대로 나오는데요, 한마디로 재판을 아무리 잘해 봤자 재판이 일어나지 않게 하는 것만은 못하다는 거지요. 하긴, 어릴 때 집안 어른들이 '재판에 기둥뿌리 넘어간다'고 하셨지요. '청송'은 재판관이 송사(訟事)를 들어 잘잘못을 판결하는 것이지요. 재판을 하는 것을 '들을 청'(聽), '송사할 송'(訟)자를 써서 '청송'이라 하는데, 지금도 재판은 양쪽의 입장을 듣는 심리 과정이 있지요. '편언절옥'(片言折獄)이란 말이 있어요. 판결을 내리는 것을 '절옥'(折獄)이라 하는데 공자의 제자 자로(子路)가 한마디 말로 옥사를 결단해도 당사자들이 믿고 따랐다고 하네요. 역시 『논어』 「안연」에 나온답니다. 공자도 재판을 맡게 되면 그 과정은 다른 사람과 다를 것이 없다고 하네요. 당연히 그렇겠지요. 그런데 재판을 잘하는 것보다 사전에 송사(訟事)가 일어나지 않게 하는 것이 더 중요하다고 하시네요. 물론이지요. 그럼 어떻게? 증자가 공자의 말을 근거로 제시한 솔루션은 이러하답니다. 처음부터 재판이 일어날 여지를 없애면 된다는 것이죠.

왜 송사가 일어나는 것인가? 증자는 거짓 송사가 태반이라고 생각했어요. 백성 중에 허탄(虛誕)한 거짓말로 송사를 벌이는 '무정자'가 있다는 거지요. '情'은 '實'인데요. '무정자'는 실질·실상이 없는데 사건을 조작·무고하여 재판을 벌이는 잡니다. 여기서 '辭'는 '허탄지사'(虛誕之辭)로 허황된 거짓말입니다. 세상에 누가 일부러 송사를 일으킬까 하지만 현실은 그렇지 않지요. 이런 사악한 자들이 감히 거짓말로 송사를 벌일 염두를 내지 못하게 해야 하는 것, '대외민지'가 재판을 잘하는 것보다 중요하다는 것이지요. 그럼 어떻게 '민지'를 크게 두렵게 할 수 있을까요? 답은 위정자의 '명명덕'! 여러분의 반응을 보니 예상하셨군요. 좋습니다. 『대학』 안으로 깊이 들어오셨네요.

재판관이 자신의 '명덕'을 밝히면 자연스럽게 백성들이 두려워하고 복종하게 된다, 그러면 백성들의 마음과 뜻[心志]에 실상이 없는 말을 늘어놓아 송사를 벌일 염두가 싹트지 않게 된다, 이것이 주자의 풀이입니다. 근거 없는 말로 송사를 벌일 여지를 없앤다는 건데, 지금 우리는 여러 생각이 떠오릅니다. 뭔가 이것은? 재판 자체를 없애겠다는 건가, 그럼 정말로 억울한 사람은? 이것은 전제, 독재? 아니지요. 여기서 핵심은 위정자가 '명덕'을 밝히면 거짓 송사가 없는 세상이 가능하다는 겁니다. 악한 자들이 설치지 못하게 해야 한다는 거지요.

『논어』에도 '재판이 일어나는 근본을 바로잡고[正其本], 그 근원을 맑게 하면[淸其源] 송사가 없어질 것'이라는 주가 붙어 있답니다. 어디 재판뿐이겠습니까! 세상일이 모두 이렇지요. 여기서는 인간관계의 갈등이 가장 첨예하게 부딪치는 예로 송사를 든 것이지요. 전 4장에서 '본'은 위정자의 '명명덕'이고 '말'은 송사가 됩니다. '신민'이 된다면 없는 사건을 조작해서 재판을 일으키지는 않지요. '명덕'이 '신민'의 근본이다!, 일의 본말, 선후를 알고 행해야 한다, 이걸 말하는 것이지요. 선한 백성들을 겁먹게 해서 재판할 엄두도 내지 못하게 해야 한다. ——이런 스토리 아니랍니다.

그래도 '대외민지'(大畏民志), 백성들의 뜻을 크게 두렵게 한다는 것이 마음에 걸리실 거예요. '두려워 할 외'(畏)는 속으로 겁먹고 조심하는 건데요, 『논어』에 나오는 이야기 하나 하겠습니다. 「팔일」(八佾)을 보면 노(魯)나라 애공(哀公)이 재아(宰我)에게 지신(地神)을 모시는 사당(社堂)에 심은 나무에 대해 물어봐요. 당시 노나라는 '율'(栗), 밤나무를 심었는데, 재아는 그 이유를 '사민전율'(使民戰栗), 백성들을 두렵게 하기 위해서라고 대답해요. '밤나무 율'(栗)을 '두려워할 율'(慄)로 보아 '두려워 떨 전'(戰)을 붙여 '전율'이라고 한 거지요. 당시 그렇게 생각하는 사람들이 많았을 것 같아요. 신성한 공간인

'사' 주변에 밤나무를 심어서 백성들에게 위엄을 보인 것이다, 이렇게요. 하지만 공자의 반응은 다르지요. 이런 대화를 전해들은 공자는 재아의 말실수에 어이없어했어요. 재아가 군주에게 살벌지심(殺伐之心)을 일으킬 빌미를 제공했다는 거지요. 아이고, 이왕 내뱉은 말 주워 담을 수도 없다고, 통탄을 하십니다. 저 같으면 재아의 머리를 쥐어박았을 것 같은데, 그냥 점잖게 탄식만.

군주의 마음가짐이 정치의 수준을 결정한다, 군주의 수준이 바로 백성의 수준을 결정한다, 동양 정치학의 출발점이지요. 맹자는 요순의 시대에는 백성도 요순처럼 순해지고, 걸주의 시대에는 백성도 걸주처럼 포악해진다고 해요. 전 4장도 이런 이야기를 하는 거지요. 군주가 '수신'에 힘쓴다면 송사도 없어질 것이다, 라고. 지금은 어떤가요? 여전히 시민의 수준이 지도자의 수준을 결정하지요.

다음의 전 5장은 '격물'과 '치지'를 해석한 것입니다. 1-4, 경문으로 돌아가 팔조목을 봐주세요. "古之欲明明德於天下者고지욕명명덕어천하자, 先治其國선치기국, 欲治其國者욕치기국자, 先齊其家선제기가, 欲齊其家者욕제기가자, 先修其身선수기신, 欲修其身者욕수기신자, 先正其心선정기심, 欲正其心者욕정기심자, 先誠其意선성기의, 欲誠其意者욕성기의자, 先致其知선치기지, 致知在格物치지재격물"에서 마지막에 있는 '치지재격물' 부분입니다. 주자는 전 5장을 '격물치지'를 푼 것으로 만들어야 했는데, 이것이 여의치 않았어요. 『고본대학』 중에 가져다 쓸 만한 문장이 없었던 거예요. 뭐가 있어야 이리저리 해볼 수 있잖아요. 장고 끝에 과감한 해결을 모색했지요. 원래 있었던 문장이 사라졌다! 그렇다면⋯ 이제부터 굽이굽이 주자의 고민과 해결 과정을 따라가 보겠습니다. 양명학 공부하신 분들은 특히 이 부분이 맘에 안 드시겠지만, 할 수 없지요. 이 강좌의 교재는 『대학장구』이니까요.

전傳 5장

此謂知本.
차 위 지 본

此謂知之至也
차 위 지 지 지 야

이를 일러 근본을 안다고 한다.

이를 일러 '앎이 지극하다'고 한다.

차위지본此謂知本이니라. **차위지지지야**此謂知之至也니라.

『예기』의 「대학」을 보면 이 두 구절은 주자가 경으로 삼은 1-7에 붙어 있습니다. 그런데 주자가 「대학」을 경(經)과 10전(傳)으로 구성하다 보니, 전 5장에 해당시킬 만한 것은 달랑 이 두 문장만 남게 되었어요. 더구나 '此謂知本', 네 글자는 주자가 전 4장으로 삼은 문장 다음에 다시 한 번 더 나옵니다. 『예기』의 「대학」에 '此謂知本'이 두 번 나오는 것이지요. 그래서 정자는 '차위지본', 네 글자를 '연문'(衍文)으로 보았고, 주자도 동의한 것이지요. '넘칠 연'(衍), 쓸데없이 들어간 군더더기 구절이라는 거지요. 이렇게 네 글자를 없애고 나면 '차위지지지야', 여섯 글자만 남네요. 주자도 엄청 고민했어요. 이를 어쩌나! 장고 끝에 주자는 과감하게 이 구절 앞에 궐문(闕文), 빠진 문장이 있다고 결론 내렸어요. 그 결과 '격물치지'를 해석한 전 5장이 망실(亡失)되었다는 전제하에 다음 단계를 고민하게 됩니다. 그리고 이 여섯 글자를 사라진 전 5장의 결어(結語)로 삼지요.

전 5장은 망실, 사라졌다! 그럼 어떻게 할 것인가? 그냥 전 6장으로 가면 되지요. 망실되었는데 어쩌겠습니까, 할 수 없지요. 우리라면 이렇게 했겠지요. 그런데 주자의 선택은 달랐습니다. 그렇게 할 수가 없었답니다. 주자 스스로 『대학』에 평생의 '정력'(精力)을 다 쏟았노라고 했잖아요. 더구나 주자 철학의 핵심 중의 하나가 '주지'(主知), 경험을 통해 체득한 앎을 중심으로 삼는 것이지요. 그런데 '지'를 다루는 '격물치지' 장이 없다니! 주자의 입장에서는 재앙이지요. 그래서 '중간에 외람되지만 정자의 뜻을 취하여 보충하겠다'(間嘗竊取程子之意간상절취정자지의, 以補之이보지)고 하면서 128자를 써서 집어넣어요. 남아 있던 여섯 글자를 결어로 삼아 마무리해서 134자로 된 전 5장을 만들지요. 그 유명한 '보망장'(補亡章)의 탄생 과정입니다. 『고본대학』에 없는 글자를 무려 128자나 추가했으니, 당연히 논란이 그치지 않았지요. 주자의 『대학』 '보망장'에 대한 논란과 논쟁은 산더미처럼 쌓여 있답니다. 지금까지도 논란이 되고 있지요. 그건 그렇고, 우리는 우선 '보망장'을 꼼꼼히 읽어 봅시다. 먼저 읽은 후에야 다음 스텝을 밟을 수 있으니까요.

부附 보망장補亡章

5-1 所謂 '致知在格物'者, 言欲致吾之知,
소 위 치 지 재 격 물 자 언 욕 치 오 지 지

在卽物而窮其理也.
재 즉 물 이 궁 기 리 야

5-2 蓋人心之靈, 莫不有知, 而天下之物, 莫不有理,
개 인 심 지 령 막 불 유 지 이 천 하 지 물 막 불 유 리

惟於理有未窮, 故其知有不盡也.
유 어 리 유 미 궁 고 기 지 유 부 진 야

5-3 是以大學始敎, 必使學者, 卽凡天下之物,
시 이 대 학 시 교 필 사 학 자 즉 범 천 하 지 물

莫不因其已知之理而益窮之, 以求至乎其極,
막 불 인 기 이 지 지 리 이 익 궁 지 이 구 지 호 기 극

至於用力之久, 而一旦豁然貫通焉,
지 어 용 력 지 구 이 일 단 활 연 관 통 언

5-4 則衆物之表裏精粗無不到,
즉 중 물 지 표 리 정 조 무 부 도

而吾心之全體大用無不明矣.
이 오 심 지 전 체 대 용 무 불 명 의

此謂 '物格', 此謂 '知之至'也.
차 위 물 격 차 위 지 지 지 야

"이른바 '앎을 지극히 하는 것은 사물에 나아가 그 이치를 다함에 있다'는 것은 나의 앎을 지극히 하고자 하면 사물에 나아가 그 이치를 다함에 있음을 말한 것이다.

사람 마음의 허령함은 앎이 있지 않음이 없고 천하의 사물에는 이치가 있지 않음이 없다. 오직 사람들이 이치에 대해 다하지 못함이 있기 때문에 그 앎에 다하지 못함이 있게 된다. 그러므로『대학』을 처음 가르침에 반드시 배우는 자로 하여금 천하의 사물에 나아가 자기가 이미 알고 있는 이치에 근거하여 더욱 궁리하여, 그 지극함에 이르기를 구하지 않음이 없게 해야 하니, 힘씀이 오래되어 하루아침에 확 트이는 활연관통의 경지에 이르게 되면 모든 사물의 겉과 속, 정밀하고 거친 것이 나에게 이르지 아니함이 없고, 내 마음의 전체와 커다란 작용이 밝지 않음이 없게 될 것이다." 이를 일러 '물격'이라 하고, 이를 일러 '지지지'라고 한다.

'보망장'도 다른 장처럼 절로 나누어 보겠습니다.

5-1 소위치지재격물자所謂致知在格物者**는 언욕치오지지**言欲致吾之知인댄 **재즉물이궁기리야**在卽物而窮其理也라.

　'치지재격물'은 경문 1-4의 마지막 구절이지요. '보망장'의 전체 구문은 "이른바 '치지재격물'이라는 것은 ~을 말한 것이다", 이렇게 되어 있습니다. 나의 앎을 지극히 하려면[致知] '즉물궁리'(卽物窮理)해야 한다는 것이죠. '즉물', '나아갈 즉'(卽)이에요. 이 세상의 객관 사물, 일어나는 사건에 나아가서 그 안의 이치, 그런 일이 일어나게 된 연유를 궁구해야 된다는 것이지요. 철저히! 하나라도 놓치지 말고 철저히. 『중용』12장에서 "솔개는 날아올라 하늘에 이르고, 물고기는 연못에서 뛰어논다"(鳶飛戾天연비려천, 魚躍于淵어약우연)는 시 구절을 어떻게 푸나요? 네, '상하찰'(上下察), '하늘과 땅에 그 이치가 밝게 드러남'이라 하지요. 물(物)에 나아가 이치를 궁구하라는 것은, 천지의 이치가 바로 그 대상 안에 있고, 활발발한 움직임을 통해 드러나기 때문이지요.

5-2 개인심지령蓋人心之靈**은 막불유지**莫不有知요 **이천하지물**而天下之物**은 막불유리**莫不有理언마는 **유어리**惟於理에 **유미궁**有未窮이라 **고기지유부진야**故其知有不盡也라.

　'즉물궁리'가 가능한 이유를 설명하는 부분입니다. 주자 인식론의 주요 전제이지요. 우선 사람의 마음[人心]이 허령한 '지'(知)의 능력을 가지고 있어서 가능한데, 이 '지'는 '본연지지'(本然之知)랍니다. 여기서 '지'는 인식능력이지요. 주자는 사람은 누구나 태어나면서 이런 천부적 인식능력을 가지고 있다고 봅니다. 그리고 천하의 모든 사물은 '당연지리'(當然之理)를 함유하고 있지요. 그렇다면 뭐가 문제인가? 만물에는 이치가 있고 나에게는 그것을 알 수 있는 능력이 있는데⋯ 왜 나는 매번 실수를 반복하는가? 주자에 의하면 공부 부족입니다. 간단명료하죠. 사물의 이치를 끝까지 탐구하는 '궁구지공'(窮究之功)을 하지 않기 때문에 '지'가 본연의 역량을 발휘하지 못하는 것이지요. 가지고 태어난 능력을 충분히 쓰고 있지 않다는 말씀! 이제 내가 왜 맨날 이 모양인가, 궁금증이 풀리셨나요? 대부분 반대로 생각하지요. 역량 부족으로 공부가 늘지 않는다고. 그런데 주자는 철저히 파고드는 공부가 부족해서 '본연지량'(本然之量), 가지고 태어난 지적 능력이 꽃피지 못한다고 합니다. 열공!

5-3 시이是以로 **대학시교**大學始教에 **필사학자**必使學者로 **즉범천하지물**即凡天下之物하여 **막불인기이지지리이익궁지**莫不因其已知之理而益窮之하여 **이구지호기극**以求至乎其極하나니 **지어용력지구**至於用力之久에 **이일단활연관통언**而一旦豁然貫通焉.

그럼 어떻게? 여기 길이 있네요. 주자는 '태학'(太學)에서 『대학』을 처음 가르칠 때 배우는 자[學者]들을 '즉물궁리'(即物窮理)로 이끌어야 한다고 해요. 공부의 출발, 근본을 '격물', '궁리'로 본 것이지요. 학생 입장에서는 처음엔 막막하겠지요. 어디서부터 어떻게 하란 말인가, 하면서요. 하지만 우리는 무엇을 가지고 있지요? 누구나 '이미 알고 있는 이치'[其已知之理]가 있잖아요. 백지 상태가 아닙니다. 허령한 밝은 마음이 있어요. 누가 가르치지 않았어도 부모 형제 귀중한 줄은 알지요. 이런 식으로 하나하나 '이미 알고 있는 이치'를 바탕으로 삼아서 궁구하여 그 '극'(極)에 도달하기를 추구해야겠지요. 저는 이 부분이 핵심이라고 봅니다. 공부의 목표를 확실하게 하지 않으면 '궁구'는 물 건너갑니다. 경 1-2의 '知止'가 중요하지요. 대강하는데 뭐가 되겠어요. 목표를 최고 수준으로 딱 설정한 이후에 마음을 다잡아서 밀고 나가야만 성과를 볼 수 있잖아요. 그렇지요? 김치찌개 하나 끓이는 것도 대강하면 안 되는데, 하물며 '치지' 공부를!

자, 이렇게 '용력지구'(用力之久), 힘을 쓰는 것이 오래되면 어느 순간에 내가 '다른 존재'가 된다고 하네요. 여기부터는 김치찌개 같은 경험담을 말씀드릴 수 없어 유감입니다. '활연관통'(豁然貫通)이 나오는 순간, 저는 작아집니다. '활연관통'이라! 언제 들어도 속이 펑 뚫리는 말이지요. '통할 활'(豁)인데 '활연'은 막힘없이 시원하게 뚫리는 모양이랍니다. '관통'은 '일이관지'(一以貫之), 하나로 꿰뚫는 것이지요. 활연히 마음이 열리면서 깨달음이 확 와서 천지 사물의 이치에 관통하게 된다는 건데, '극'(極)이지요. '致知'입니다. 와우! 멋있지요? 경험한 사람만이 할 수 있는 말이기도 하지요. 공자의 '이순'

(耳順), '종심소욕불유구'(從心所欲不踰矩)처럼요. 누구나 갈 수 있게 열려 있는 길인데, 또 어느 누구도 쉽게 갈 수 없는 어려운 길이기도 하지요. 『중용』을 보면, 태어나면서부터 이러한 이치를 아는 '생이지지자'(生而知之者)는 이런 일을 편하게 한다고 하네요. '안이행지자'(安而行之者)라고 하는데 요순과 같은 성인이시지요. 우리처럼 배워서 알아가는 '학이지지자'(學而知之者)는 평생 노력해야지요. 그래도 그렇게 사는 것이 이롭다는 것을 알고 '리이행지'(利而行之)의 길로 가야겠지요.

'일단'(一旦)에 활연관통하게 된다고 하는데, 여기서 '일단'은 '하루아침'입니다. '아침 단'(旦) 자인데, 공자가 사모하신 '주공'(周公)의 이름이기도 하지요. 요새는 '일단'을 주로 '우선 먼저'의 뜻으로 쓰지요. '일단 가 보자', 이렇게요. 여기서 '일단'은 '하루아침'이자 공부에 힘쓰는 과정 중에 나도 모르는 '어느 순간'이랍니다. 활연히 '개오관통'(開悟貫通)하는 경지는 어느 한순간에 번개같이 열린다는 거지요. 지혜의 문이 확 열리면서 천하의 이치를 저절로 알고 깨닫게 된다, 역시 체험한 사람만이 할 수 있는 멋진 표현입니다.

이미 가지고 있는 나의 인식능력을 바탕으로 사물의 이치를 궁구해 나가면[格物], 만물의 이치에 관통하는 경지[致知]가 된다. 이것이 주자의 '격물치지'입니다. '격물'을 통해 '치지'로 나아가는 것이지요. 간단히 말하면 '꾸준한 공부'가 나를 변화시킨다. 호모 쿵푸스! 공부하거나 존재하지 않거나! 우리가 항상 책으로 배우고 경험으로 터득하면서 살아가야 하는 이유이지요.

　'격물치지'는 『대학』 공부의 출발점이기도 합니다. '격물치지'의 공부가 없으면 '성의', '정심', '수신' 그리고 '제가', '치국', '평천하'로 단 한 발자국도 나아갈 수 없으니까요. '격물'을 '本'으로 삼아 '치지'를 거쳐 '평천하'까지 쭉~. 팔조목이 '본'과 '말'로 줄줄이 엮이어 다음 단계로 진행되지요. 그럼 『대학』 공부는 무엇인가? '선'과 '후'를 알고 '지선', '도'를 향해 가는 것이다. 일단 이렇게 정리할 수 있겠습니다.

5-4 즉중물지표리정조則衆物之表裏精粗가 **무부도**無不到하고 **이오심지전체대용**而吾心之全體大用이 **무불명의**無不明矣리니 **차위물격**此謂物格이며 **차위지지지야** 此謂知之至也라 하니라.

　자, '보망장'의 마지막 결론 부분이군요. '차위물격'의 '물격'은 경 1-5의 첫 구절이지요. 여기까지가 128자입니다. '차위지지지야'(此謂知之至也), 마지막 여섯 글자는 『고본대학』에 있던 문장이지요. '격물'을 통해 '치지', '활연관통'의 단계에 이르면 어떻게 되는가를 말하는군요. 우선 모든 사물의 이치가 전부 나에게 이르지[到] 않음이 없군요. '이를 도'(到) 자인데, 무엇이 이르는가를 좀더 구체적으로 볼까요? '겉 표'(表), 표면에 드러나 있는 대강(大綱), '속 리'(裏), 이면의 세부 절목(節目)을 알게 됩니다. 저절로 자연스럽게. 다음으로 '자세할 정'(精), 정밀하고 미세한 것도 파악할 수 있지요. 그뿐인가요? '거칠 조'(粗), 거칠고 천근(淺近)한 것은 내 주변에 가까이 있는 것인데, 그것도 알게 됩니다. 이러한 이치가 환하게 드러나서[現] 나에게 이르게 된다, 경문의 '물격'(物格)이지요. 만물에 내재된 이치가 나에게 이르는 것[至]이지요. 주자는 '격물'의 '格'을 '이를 지'(至)로 풀었는데, 나에게 도달하는 것[到]이기도 하지요.

자, '내 마음에 이미 알고 있는 이치'를 반딧불로 삼아 공부를 해 나가다 보니까 사물에 들어 있는 이치의 표리·정조까지 낱낱이 알게 되었네요. 이 단계가 되면 나는 어떻게 될까요? 더 이상 이전의 '찌질한' 나, 실수를 반복하는 나는 아니겠지요. '知至'의 단계에 이르면 나의 마음에 '중리지전체'(衆理之全體)가 밝아지게 됩니다. 그러면 자연히 만사에 응하는 마음의 작용도 밝고 커질 겁니다. 이런 과정을 통하여 내면의 '중리'와 만사에 응하는 대용(大用)의 유기적 관계가 척척 이루어지겠지요. 이것이 경문에서 말한 '지지'(知至), '앎이 지극해지는 것'의 효용이지요. 모든 이치의 전제를 갖춘 사람을 '성인'(聖人)이라 하는데, 그 '대용'은 어떤 것일까요? 항상 상황에 적합하게 판단하고 말하고 행동하는 것이겠지요. 시중(時中), 중용(中庸)이구나, 하시면 됩니다. 부러울 따름이시라고요? 언제까지 부러워만 하시겠어요?

이렇게 주자가 덧붙여 만든 134자로 된 '보망장'을 풀어 봤는데, 어떠세요? '태학'에 진학한 학생들이 우선 힘써야 할 것이 '격물치지'인데, 쉽지 않네요. 우선 '즉물궁리'(卽物窮理), '인심지령'(人心

之靈), '이지지리'(已知之理), '용력지구'(用力之久), '활연관통'(豁然貫通), '표리정조'(表裏精粗), '전체대용'(全體大用) 등 낯설고 어려운 단어들을 대방출하셨군요. 초학자들이 힘들게. 이런 단어들은 모두 주자가 자신의 철학을 표현할 때 즐겨 사용하는 것들이랍니다. 『주자어류』를 보면 제자들과의 대화에서 이런 단어들이 마구마구 나오지요. 이걸 보면 주자는 망실된 부분을 『예기』의 「대학」 스타일로 만들 생각이 애당초 없었던 것 같아요. 그럴 생각이었다면 『시경』을 인용하고 증자가 논하는 형식으로 된 여타의 『대학』 전(傳) 형식을 따랐겠지요. 그런데 '보망장'의 문체는 달라도 너무 다르지요. 그냥 봐도 주자의 글쓰기예요. '위조'(僞造), '위작'(僞作)을 만들지 않고 자신의 개성이 드러나는 문체로 망실된 부분을 '보'(補), 기운 것이지요. '기울 보'(補)는 낡거나 없어진 부분을 '깁다', '보완하다'의 뜻입니다. '만들 조'(造)나 '지을 작'(作)과는 다른 일이지요. 구멍 뚫린 바지 무릎에 예쁜 천을 덧대어 꿰매는 것이 '보'입니다. 덧댄 부분을 확실히 알 수 있지요.

아무튼 대단하신 주자 선생님! 자신의 철학을 논증하기 위하여 『고본대학』을 삼강령 팔조목으로 분할하고, 공백이 생기자 자신의 언어로 그 부분을 '티나게' 메우셨네요. 과감하지요? 자신의 공부, 철학에 확신이 넘쳐야만 할 수 있는 모험이지요. 오직 부러울 뿐!

전傳 6장

6-1 所謂誠其意者, 毋自欺也, 如惡惡臭, 如好好色,
소 위 성 기 의 자 무 자 기 야 여 오 악 취 여 호 호 색

此之謂自謙. 故君子必愼其獨也.
차 지 위 자 겸 고 군 자 필 신 기 독 야

6-2 小人閒居爲不善, 無所不至.
소 인 한 거 위 불 선 무 소 부 지

見君子而后, 厭然揜其不善, 而著其善.
견 군 자 이 후 암 연 엄 기 불 선 이 저 기 선

人之視己, 如見其肺肝, 然則何益矣?
인 지 시 기 여 견 기 폐 간 연 즉 하 익 의

此謂誠於中, 形於外, 故君子必愼其獨也.
차 위 성 어 중 형 어 외 고 군 자 필 신 기 독 야

6-3 曾子曰 "十目所視, 十手所指, 其嚴乎!".
증 자 왈 십 목 소 시 십 수 소 지 기 엄 호

6-4 富潤屋, 德潤身, 心廣體胖, 故君子必誠其意.
부 윤 옥 덕 윤 신 심 광 체 반 고 군 자 필 성 기 의

이른바 '그 뜻을 정성스럽게 한다는 것'은 자신을 속이지 말라는 것이다. 마치 악취를 싫어하듯이 하며 아름다운 여인을 좋아하듯이 하는 것이니 이것을 일러 '스스로 만족함'이라 하니, 그러므로 군자는 반드시 그 '홀로'를 삼가

야 한다.

소인이 한가롭게 혼자 있을 때에 불선한 짓을 하되 이르지 않음이 없다가 군자를 본 후에 슬그머니 그 불선을 가리고 그 선을 드러내지만, 남이 자기를 알아봄이 마치 그 간과 폐를 뚫어보듯이 하니 그 무슨 소용이 있겠는가. 이런 것을 일러 '마음에 정성스러우면 겉으로 드러난다'고 하는 것이니, 그러므로 군자는 반드시 그 '홀로'를 삼간다.

증자가 말했다.

"열 눈이 보는 바요, 열 손가락이 가리키는 바이니, 두려워할 만하도다!"

부는 집을 윤택하게 하고 덕은 몸을 윤택하게 한다. 마음이 넓어지고 몸이 편안하게 펴지니 그러므로 군자는 반드시 그 뜻을 정성스럽게 한다.

전 6장은 경문의 팔조목에서 '격물'과 '치지'의 다음 단계인 '성의' (誠意)를 해석한 부분입니다. 경 1-5에서 '物格' 이후 '知至'하고, '知 至' 이후에 '意誠', 뜻이 정성스러워진다고 했지요. 그럼 찬찬히 살펴 볼까요?

6-1 소위성기의자所謂誠其意者는 **무자기야**毋自欺也니 **여오악취**如惡惡臭하 며 **여호호색**如好好色이 **차지위자겸**此之謂自謙이니 **고군자필신기독야**故君子 必愼其獨也니라.

'성의', '뜻을 정성스럽게 한다'는 것이 무엇인가? '무자기', 한 단어로 정리했군요. '말 무'(毋)는 금지사로 '말 물'(勿)과 같지요. 경 문 1-4를 풀 때는 '무자기'(無自欺)로 나왔지요. '없을 무'(無)가 '말 무'(毋)로 쓰일 때가 예상 외로 많답니다. 주를 보시면 '성의'는 '자수 의 시작'[自修之首]이라고 하네요. '성의'가 '스스로 닦음의 시작'이 라면 '격물치지'는 무엇인가, 이런 의문이 드실 거예요. 그렇지요. 경 문에서는 "그 뜻을 정성스럽게 하고자 하면 먼저 그 앎을 지극히 하 라"(欲誠其意者욕성기의자, 先致其知선치기지)고 했어요. "앎이 지극해진 이후에 뜻이 성실해진다"(知至而后지지이후, 意誠의성)고도 했지요. 그런 데 다시 '성의'에서 '자수'가 시작된다고 하니 이런 의문이 들 수밖에 없지요. 그렇지요?

자, 이렇게 보시면 됩니다. '격물치지'의 과정에서 만물의 이치를 터득하고 선을 행하고 악을 제거해야 한다는 것을 알게는 됐어요. 하지만 그것은 머리로 안 것이지요. 내 마음에서 발해지는 실질은 부족할 수 있어요. 이것이 바로 '自欺', 스스로를 속이는 자기기만입니다. 아는 것[知]과 행하는 것[行]을 혼동해서 아는 것에 만족하고 말지요. 알게 된 것을 실제로 쓰지 않는다면[不能實用其力], 그것이 바로 스스로를 속이는 것인데, 이걸 모르는 겁니다. 무섭지요? 똑똑한 줄 알고 기고만장해서 잘 살고 있다는 자기 착각에 빠져 있는 것이니까요. 우리 모두 이렇지요. 대강 알고 대충 살아가니까요. 앎[知]과 실천[行]을 또렷이 인식하지 못한 몽롱한 상태에서 자기를 속이며 살지요. 그래서 '성의', 마음속에 일어난 생각을 선하게 하여 행하는 것은 '무자기'에서 출발하는 겁니다.

'무자기'를 좀더 꼼꼼히 볼까요? '무자기'의 시작은 '본심지명'(本心之明)을 속이지 않는 것이지요. 어떻게? 악을 미워하는 마음이 있다면 악취를 미워하는 것처럼[如惡惡臭] 하면 되지요. 악취를 맡는 순간, 자신도 모르게 고개를 돌리게 되잖아요? 바로 그렇게 악을 제거하고 멀리하면 됩니다. 선을 좋아하는 마음이 있다면 아름다운 여인을 좋아하듯이[如好好色] 하면 됩니다. 아름다운 여인에게 마음이 쏠리고 만나고 싶어 하듯이 그렇게 선을 실행하면 됩니다. 바로 뭐예요? '오악'(惡惡)과 '호선'(好善)이 본심의 밝음[明]이라는 것이지요. 그것을 따르는 것이 '무자기'이고 '자겸'이지요. '겸손할 겸'(謙)은 여기서는 '만족할 겸'(慊)으로 '快', '足'으로 풉니다. 자신의 언행에 쾌족(快足), 만족하는 겁니다.

잠깐! 선을 좋아하기를 '好色'하듯이 하라는 말이 마음에 걸리네요. '호색한'(好色漢)이란 말도 있으니까요. 여기서는 사람은 누구나 아름다운 여인을 좋아하기 마련인데, 바로 그 마음을 돌려서 선을 좋아하는 데 쓰면 큰 성과를 거둘 수 있다는 뜻이랍니다. 『논어』의 '현현역색'(賢賢易色. 「학이」)이지요. 자하(子夏)가 그러네요, '어진 사람을 좋아하기를 여색을 좋아하는 마음을 바꿔서 하라'고. 왜 웃으시나이까? 힘든 일이잖아요. 공자님도 '덕을 좋아하기를 여색을 좋아하는 것만큼 하는 사람을 보지 못하셨다'(吾未見好德如好色者也 오미견호덕여호색자야. 「자한」)고 탄식하셨지요. 얼마나 힘든 일이면 이런 말씀을!

'무자기', '자겸'이 다가 아니랍니다. 구차하게 외물을 좇는다거나 남의 이목을 의식하여 치장하지 않는다고 해도 여전히 남는 문제가 있지요. '무자기'의 성실성 여부입니다. 더구나 자신의 내면에 정성스런 마음이 있는지 아닌지는 다른 사람은 모릅니다. 사실, 부모 형제도 모르지요. 오직 나만이 홀로 알 수 있는 것이지요. 여기서 자기 점검, 성찰의 과정인 '신독'이 중요해지는 것이지요. 그래서 군자는 반드시 그 '홀로[獨] 있을 때' 삼가야 한다고 하는 겁니다. '신독'을 해야 '무자기'가 됩니다. '신독'은 『중용』1장에도 나오지요. 잠깐 그 부분을 볼까요?

군자는 그 보이지 않는 것을 삼가고, 그 들리지 않는 것을 두려워한다. 어두운 곳보다 더 잘 드러나는 것이 없고 미세한 일보다 더 뚜렷한 일은 없다. 그러므로 군자는 그 혼자 아는 곳을 삼간다.(君子戒愼乎其所不睹군자계신호기소부도, 恐懼乎其所不聞공구호기소불문, 莫見乎隱막현호은, 莫顯乎微막현호미, 故君子愼其獨也고군자신기독야.)

와우!『대학』전 6장의 주석으로 삼아도 좋겠네요. 그렇지요, 사람은 누구나 '혼자 아는 곳'[其獨]이 있지요. 주자 이전에는 '기독'을 주위에 보는 사람이 없는 '나 홀로 있는 상황'으로 보았답니다. 주위의 시선에서 벗어났다고 확신이 드는 순간, 누구나 긴장을 풀고 제멋대로 행동하기 쉽지요. 모든 인간은 이런 치사한(?) 면이 있어요. 우리 모두 그렇지요. '신독'은 그러지 말고 혼자 있을 때도 몸가짐을 바르게 하라는 것이지요. 남이 안 볼 때도 추한 꼴 보이지 말자! 그런데 주자는 '신독'을 더 엄격하게 해석합니다. 우리에게는 '남이 알지 못하는 곳인 나만 홀로 아는 곳'(人所不知而己所獨知之地인소부지이기소독지지지)이 있다는 겁니다. '독지지지'는 바로 나의 마음, 내면이지요. 주자는 그 지점에 마음을 집중하여 선과 악이 움트는 기미(幾微)를 살피고 다스릴 것을 요구합니다. 기미라, 미미한 낌새를 간파하고 조심하라, 신중히 처신하라, 인데 말할 것도 없이 어렵지요. 항상 자신의 내면을 성찰하는 자각의 전구를 켜고 있으라는 건데. 지금, 주자는 그렇게 살라고 하는 겁니다. '성의'는 바로 '무자기'이니, 선과 악이 싹트는 내면의 그 지점에 의식을 집중하라는 거지요. 이것이 주자의

'신독'입니다. '보이지 않고, 들리지 않는 그곳'을 성찰하고 다스리는 '신독'이 된 다음에야 '무자기'가 된다네요. 이렇게 주자는 '신독'을 '나만 아는 나의 마음을 단속함'으로 재해석했답니다. 주자의 '신독'은 '지경'(持敬), '주경'(主敬)으로 이어집니다. '경의 상태를 유지하라'는 것인데, 마음이 사욕에 물들거나 휘둘리지 않게 긴장하라는 겁니다. 그래야만 나의 내면이 '선한 생각'으로 가득찰 수 있다는 거지요. 주자 철학의 내면성(內面性)이지요. 생각해 보면, 주자의 '신독'이야말로 철저한 자기 수행입니다. 주자가 임종을 앞둔 상태에서도 『대학』의 '성의'장을 붙잡고 보완했다고 전해지는데, 여러분은 바로 그 부분을 읽고 계십니다.

6-2 소인한거小人閒居에 위불선爲不善하되 무소부지無所不至하다가 견군자이후見君子而后에 암연엄기불선厭然揜其不善하고 이저기선而著其善하나니 인지시기人之視己가 여견기폐간如見其肺肝이니 연즉하익의然則何益矣리오 차위성어중此謂誠於中이면 형어외形於外니 고군자필신기독야故君子必愼其獨也니라.

앞 절과 마찬가지로 '고군자필신기독야'로 끝나는군요. 6-1의 '신독'을 예를 들어 부연 설명하고 있네요. 전 3장에서 전왕의 은혜를 그리워하는 소인(小人)은 백성이었지요. 여기서 소인은 자기기만을 밥 먹듯이 하는 소인배(小人輩)입니다. 이렇게 '군자'와 '소인'이 나올 때, 맥락을 살펴봐야 한답니다. 어느 때는 농사지어 세금 내는 백성, 어느 때는 군자를 가장하는 위선에 절은 지식인 군상이니까요. 이들은 '한거', 한가롭게 혼자 있을 때에는 불선한 짓을 거침없이 하지요. 막힘이 없어요. 그러다가 군자를 보면 움찔하게 되지요. 평판을 걱정하고 재빨리 관리 모드로 들어가는 겁니다. '암연'은 '슬그머니'란 뜻인데, '싫어할 염'(厭)을 '암'으로 읽습니다. '검은 점 암'(黯)으로 쓰였답니다. 순간적으로 기가 죽어 자신의 잘못을 가리거나 감추는 모양이지요. 자기도 모르게. '엄'(揜)은 가리고 감추는 거예요. 내내 방자하게 악행을 일삼던 소인배가 군자를 보더니 자신의 불선을 싸악 감추고 선으로 위장하는 거지요. 이런 인간 군상 많잖아요? 내내 저 혼자 잘살 궁리만 하던 인사들이 애국지사, 민주열사로 나서는 꼴 많이 보셨을 겁니다. 하지만 소용없지요. 사람들이 소인배의 위선을 그들의 폐와 간을 보듯이 꿰뚫어 보니까요. 적나라하게 본다는 거지요. '허파 폐'(肺), '간 간'(肝)이지요. 갑자기 장기가 나오는 바람에 당황스럽지만 우리는 모두 장기 투사 능력이 있으니 소인배들이 자신의 악행을 은폐할 수도, 위선으로 가증스런 짓거리를 할 수도 없지요. 사실 위장, 위선이 무슨 소용이 있겠어요? '마음이 정성스러우면 겉으로 드러나기'(誠於中성어중 形於外형어외) 마련인데요. 결국 소인배는 자기기만을 밥 먹듯이 하면서 그렇게 사는 것이 습(習)이 되어 버린 가련한 존재일 뿐이지요.

'격물'과 '치지'가 '성의'로 가려면 '신독'과 '무자기'가 되어야 한다. 결론은 '신독'이군요. 이 부분에 이르면 위선을 일삼는 소인배의 가소로운 행태에 응징의 의지가 활활 타오르다가 주춤해지기 마련이지요. 저와 여러분이 자기 점검 모드로 전환하는 순간, 갑자기 기가 팍 죽으니까요. 흠, '신독'과 '무자기'라… 나는 어떤가? 하고요. 휴우~, 최대한 애써 봐야지요.

6-3 증자왈曾子曰 **십목소시**十目所視며 **십수소지**十手所指니 **기엄호**其嚴乎인저.

소인이 홀로 있을 때 제멋대로 불선을 행하는 것은 남들이 알지 못할 거라고 확신하기 때문이지요. 그런데 증자는 어림없다! 꿈도 꾸지 마라, 열 개의 눈이 함께 바라보고 있다[共視], 열 개의 손가락이 함께 가리키고 있다[共指], 그러니 엄하게 여겨 두려워하라고 합니다. '엄할 엄'(嚴)은 '두려워할 만함이 심한 것'[可畏之甚]이지요. 한때 '엄중'(嚴重)히 여긴다. 엄중히 보고 있다는 말이 뉴스에 자주 나오던데, 심각하게 여기고 있다는 뜻이겠지요. 여기서 '엄'은 긴장하고 경계하는 것입니다.

앞에서 소인의 위선을 폐와 간을 보듯이 한다고 했지요. 『중용』에서는 "어두운 곳보다 더 잘 드러나는 것이 없고, 미세한 일보다 더 뚜렷한 일은 없다"고 했고요. 우리 마음의 움직임은 은밀하고[隱] 미세해서[微] 자신도 모르게 선과 악이 작동하기 쉽지요. 바로 그 지점의 미세한 움직임, 기미를 간파하라, 왜? 주위의 눈들이 너를 보고 있고, 주위의 손들이 너를 가리키고 있다! 움찔하고 위장해도 소용없다. 신중하라! 다시 '신독'입니다.

6-4 부윤옥富潤屋**이요 덕윤신**德潤身**이라 심광체반**心廣體胖**하나니 고군자 필성기의**故君子必誠其意**니라.**

6장 마무리는 '故君子必誠其意'이군요. 6-1, 6-2에서 강조한 '愼獨'의 성과이지요. 부유함은 집을 윤택하게 하고 덕은 몸을 윤택하게 한다. '젖을 윤'(潤)은 겉으로 반짝반짝 광택이 나는 거죠. 부와 덕을 모두 숨길 수 없다고 하네요. '부티 난다'는 말을 요즘도 쓰나요? 새 옷 입고, 새 구두까지 신고 나타나면 와우, '광난다, 부티 난다'고 했지요. '착복식' 해라, 밥 사라, 커피 사라, 하면서 새옷 입은 날은 주변이 시끄러웠답니다. 네, 70년대 이야기랍니다. 웃으시는 분들도 계시는군요.

부유함을 숨길 수 없듯이 마음의 정성, 진실도 밖으로 드러나기 마련이지요. 여기서는 덕으로 몸에 광채가 나는 것을 '심광체반'으로 표현했군요. '심광체반'! 『대학』의 명구 중에 하나지요. 그 사람 사귈 만하다 싶으실 때 『대학』 식으로 표현하면 '심광체반'입니다. '심광체반'을 풀어서 말하면 '마음의 덕이 쌓여 넓어지고 몸이 편안하게 펴진 것'인데 덕을 이룬 군자[成德]의 편안하고 안정된 모습이지요. '클 반'(胖)자가 낯설 수도 있어요. 여기 나와서 유명해진 글자랍니다. '서태'(舒泰)라고 되어 있는데, '펼 서'(舒), '편안할 태'(泰)로 몸 가짐이 옹색하지 않고 쭉 펴지고 행동거지가 편안한 것이지요. 무엇을 해도, 어떤 말을 하고 어떤 행동을 해도 신뢰가 가는 것이랍니다. 그럼 어떻게 하면 그렇게? 네, 몇 단계가 있답니다. 자신을 되돌이켜 보아서 부끄러움[愧怍]이 없으면 마음이 '광대관평'(廣大寬平)해지지요. 마음에 덕이 쌓이면서 넓어지고 너그럽고 평안해진다는 것인데, '무자기', '자겸'의 효과이지요. 그 다음은 언행이 자연스럽고 몸가짐이 편안한 '체반'으로! '심광체반'한 사람을 만나게 되시면, 아! 저 사람이 '성의', 내면이 진실로 가득 찬 사람이구나, 하셔도 됩니다. 그런 분들은 확실히 남다른 뭔가가 있으시죠. 후광처럼 그 주변이 훤히 빛나지요. 오래전이지만 김수환 추기경님을 먼발치에서 뵌 적이 있는데, 걸으실 때마다 그 주변이 밝아지더군요. 후광이 쫘악!

주자는 『대학』 공부에 뜻을 둔 사람은 '성의'(誠意)를 급선무로 삼아야 한다고 보았어요. '격물치지'로 이미 알게 된 앎도 '성의'가 부족하면 자신의 것이 될 수 없고 한 발자국도 앞으로 나아갈 수 없으니까요. '성의'야말로 '심체'(心體)이고, '덕에 나아가는 기본'(進德之基本진덕지기본)이지요. '치지'의 공부를 자신의 것으로 삼을 수 있는 유일한 방법, 행(行)이라고 본 거지요. '격물'을 통해 '치지'가 되었다면 그것을 어떻게 나의 것으로 만들 것인가? '성의', 뜻을 성실하게 해야겠지요. '성의'에서 본격적인 '수신'이 시작되는 겁니다. '自修'의 시작인 '성의'의 핵심은 '신독'과 '무자기'에 있고요. 나만 아는 나의 마음자리를 삼가는 신독의 공력(功力)이 오랜 기간 쌓이면 몸으로 밝게 드러나 '심광체반'의 군자가 되는 것이지요. 주자는 '성의' 장에서 다시 앞으로 돌아가 '격물', '치지'를 복습할 것을 권한답니다. 혹시나 '치지'(致知)를 머리로만 하고, 자만할까 봐 우려하는 것이죠. 알게 된 것이 마음을 넓히고 몸을 반짝이는 단계까지 쭈욱 나가서, '심광체반'! 멋있네요.

전傳 7장

7-1 所謂修身在正其心者, 身有所忿懥, 則不得其正 ;
소위수신재정기심자 신유소분치 즉부득기정

有所恐懼, 則不得其正 ; 有所好樂, 則不得其正 ;
유소공구 즉부득기정 유소호요 즉부득기정

有所憂患, 則不得其正.
유소우환 즉부득기정

7-2 心不在焉, 視而不見, 聽而不聞, 食而不知其味.
심부재언 시이불견 청이불문 식이부지기미

7-3 此謂修身在正其心.
차위수신재정기심

이른바 '몸을 닦음이 그 마음을 바르게 함에 있다'는 것은 마음에 노여워하는
바가 있으면 그 바름을 얻지 못하고, 두려운 바가 있으면 그 바름을 얻지 못
하고, 좋아하는 바가 있으면 그 바름을 얻지 못하고, 근심하는 바가 있으면
그 바름을 얻지 못한다는 것이다.

마음이 그곳에 있지 않으면, 보아도 보지 못하며 들어도 듣지 못하며 먹어도
그 맛을 알지 못하게 되니, 이를 두고서 '몸을 닦음이 그 마음을 바르게 함에
있다'는 것이다.

전 7장은 '정심'과 '수신'의 관계를 풀이한 것입니다. 전 5장은 '격물'과 '치지', 전 6장은 '성의'였지요. 이제 다시 팔조목 중에서 '본'과 '말', '선'과 '후'가 되는 두 조목을 묶어서 설명할 거예요. 경문 1-4에서 '몸을 닦고자 하면 먼저 그 마음을 바르게 하라'(欲修其身者욕수기신자, 先正其心선정기심)고 했지요. 동양 수신학(修身學)의 교과서는? 단연코 『대학』이지요. 우리가 '수신'에 뜻을 두었을 때 무엇이 가장 중요할까요? 네, 순서! 순서입니다. 먼저 할 일과 나중에 할 일을 아는 것이 제일 중요하지요. 전 7장은 '수신'을 하고자 하는가? 먼저 '정심', '마음을 바르게 하라'고 합니다. '정심'이 본, 선이 되고, '수신'이 말, 후가 되지요. 당연히 전 8장에서는 '수신'이 본, 선이 되고, '제가'가 말, 후가 되겠지요. 그렇게 쭈욱 10장까지 갑니다.

7-1 소위수신所謂修身이 **재정기심자**在正其心者는 **신유소분치즉부득기정**身有所忿懥則不得其正하며 **유소공구즉부득기정**有所恐懼則不得其正하며 **유소호요즉부득기정**有所好樂則不得其正하며 **유소우환즉부득기정**有所憂患則不得其正이니라.

경문 1-4에 '欲修其身者, 先正其心'이라고 했지요. '정심'이 되어야 '수신'이 된다는 거니, '정심'을 어떻게 할 것인가가 먼저 나옵니다. '신유소분치'(身有所忿懥)를 봐 주세요. 정자는 여기의 '身'은 마땅히 '마음 심'(心)이 되어야 한다고 했답니다. 그렇지만 원문을 고치지는 않았지요. '몸 신'(身)을 보면서 '心'으로 해석할 뿐이지요. 원

전을 대하는 자세는 이래야지요. 100% 오자라는 확신이 들어도 주석에서 밝힐 뿐, 원문에 함부로 손댈 수는 없지요. 자, '수신'의 전 단계가 '정심'(正心)인데, 마음이 부정(不正)한 상태의 예로 '분치'(忿懥), '공구'(恐懼), '호요'(好樂), '우환'(憂患)의 네 가지가 나오는군요. '부정'을 '정'으로 바꾸는 '정심'의 과정을 생각해 봅시다. 분노와 기쁨 등의 감정을 조절해서 '정'한 상태를 유지한다는 것이 쉽지 않잖아요? 그렇죠? 그런데 이 중에서 하나라도 작동하면 '정심'을 얻을 수 없다니, 이거 정말 고민이군요.

'분'(忿)과 '치'(懥)는 성내는 것인데, '분'은 노여움이 심한 것이고, '치'는 노여움이 남아서 씩씩대는 것입니다. 뒤끝이 있는 거지요. '공구'(恐懼)는 두려워하는 것이고, '호요'(好樂)는 좋아하는 것이지요. '즐길 락'(樂), '음악 악'(樂)이 여기서는 '좋아할 요'로 쓰였습니다. '우환'(憂患)은 근심하고 걱정하는 것이고요. 사실 우리의 일상은 이런 감정의 무더기로 가득 차 있지요. 사랑과 미움으로 수시로 롤러코스터를 타요. 그럼 왜 이런 감정을 치우침[偏]이라 보는가? 이런 감정들 역시 '마음의 작용으로 사람이면 누구나 능히 없을 수 없는 것'(心之用심지용, 而人所不能無者이인소불능무자) 아닌가? 왜 이런 감정이 조금이라도 있는 것을 살피지 못하면 '욕망이 동하고 감정이 승하다'(欲動情勝욕동정승)고 하는가? 주자는 너무 심하다! 감정표현에 인색하구나, 이런 생각이 드시는 것, 당연합니다.

그래도 주자의 설명을 따라가 봅시다. 몸의 주인인 마음[心]은 그 본체가 원래 허령(虛靈)하여 한 사물에도 집착됨이 없다고 하네요. 마음을 본래 이러한 것으로 전제하면 분노, 우환 등의 감정은 치우침, 비정상이 됩니다. 마음의 작용, 이치를 살피는[察理] 데에 장애가 된다고 보게 되겠지요. 마음이 움직이는 그 순간부터 치우침이 없어야만 마음의 작용이 바르게 되고, 그래야만 마음의 본체가 바르게 유지될 테니까요. 한마디로 주자는 분노와 두려움, 좋아함과 근심, 지금 우리가 감정이라 하는 것들을 '성정지정'(性情之正), 마음이 정(正)한 상태가 아닌 비정상, 치우침[偏]으로 봅니다. 마음의 작용이 한쪽에 치우치고 매여 바름을 잃는다면 허령한 본체[心]의 바름을 유지할 수 없다는 것이지요.

그럼 일체의 감정을 싹 없애고 로봇, 소시오패스가 되란 말인가? 이런 반감, 생길 수 있지요? 이게 말이 돼! 욱, 이건 '분치'에 속하겠습니다.^^ 여러분, 그런 건 아니랍니다. 사람으로 태어난 이상 어떻게 '희로애락애오욕'(喜怒哀樂愛惡慾), 칠정(七情)이 없을 수 있나요. 『중용』의 '천명지위성'(天命之謂性), 우리가 가지고 태어난 성(性)에는 '정'(情)도 포함돼 있지요. '정'이 없으면 인간이라 할 수 없지요. 다만 이 '정'을 잘 써야 합니다. 『중용』에서는 '희로애락'이 '미발'(未發), 아직 드러나기 전의 상태를 '중'(中)이라 했어요. '발하여 절도에 맞는 것'[發而皆中節]을 '화'(和)라고 했고요. 물론 이게 어렵지요, 어려운 일이니까 항상 '신독'하고 자기기만, 착각에 빠지지 않도록 긴장해야 합니다. 그럼, 누가 할 수 있느냐고요? '누구나'랍니다. 네, 누구나 할 수 있는 능력을 가지고 태어났다고 하지요. 『대학』, 『맹자』, 『중용』에서 말하는 '명덕', '인의예지', '성'이 바로 그런 천부적 능력, 가능성이지요. 『대학』 삼강령 중에서 '명명덕'의 과정이 '격물'→'치지'→'성의'를 거쳐 '정심'까지 왔네요.

　자, 여기서 어렵다, 어려워 할 수 없겠다고 마음을 닫으시면 아니 되옵니다. 사실 우리 모두가 자신의 편향된 감정을 마구 분출한다면 바로 그 순간 우리가 사는 이 세상은 암흑천지가 되고 말겠지요. 자기 주장, 자기 감정만 내세우며 악다구니 치는 미친 세상이 될 테니까요. 우리는 지금 자신도 모르게 생각과 감정을 적절하게 조절하며 살고 있지요. 당연히 그렇게 해야 하고요. 그러니까 '정심'을 '사회공동체의 일원으로 살아가는 시민의 도리, 예의'로 보시면 됩니다. 물론 마음의 균형을 잃고 분노가 치밀어 오를 때도 많지요. 사실 정치 뉴스가 우리의 정신 건강에 좋지 못하죠. 그렇다고 세상을 향한 채널을 끌 수도 없는 노릇이고. 평소에 '신독' 훈련을 하는 것이 도움이 될 겁니다. 자신의 마음 상태를 정밀히 관찰하는 지속적 훈련 과정이 '신독'이니까요. 화가 치밀 때, 바로 마음 관찰에 들어가는 겁니다. 내가 왜 이럴까? 아침에 남편 때문에 욱했던 마음이 바로 옆에 서 있던 아들을 향해 분노로 점화된다면? 확실히 '정'(正)은 아니지요? 활활 옆으로 번지는 분노와 울분의 순간에 아! 내가 분노를 옮기고 있구나, 관찰할 수 있다면, 좀 진정되겠지요. 이런 식으로 '신독'을 연습하면 어떨까요? 『논어』에서 공자가 안연을 칭찬하면서 '불천노, 불이과'(不遷怒,

不貳過), '노여움을 옮기지 않고 잘못을 되풀이하지 않았다'고 하지요. 힘들겠지만 우리도 노여움을 옮기지 않는 훈련을!

7-2 심부재언心不在焉이면 **시이불견**視而不見하며 **청이불문**聽而不聞하며 **식이부지기미**食而不知其味니라.

그래서 마음[心]이 어디에 가 있는가가 중요해집니다. 마음이 가 있지 않으면 봐도 보이지 않고, 들어도 듣지 못하고, 심지어 이연복 셰프의 오향장육을 먹어도 맛을 느끼지 못하겠지요. '심부재언'의 '어조사 언'(焉)을 대명사 '갈 지'(之)로 보아 '거기에'로 해석하시면 됩니다. 마음이 보고 듣는 대상에 가 있지 않으면 우리의 감각기관, 안이비설식(眼耳鼻舌識)은 장식일 뿐이라는 거지요. 주자 버전으로 볼까요? 마음이 보존[存]되어 있지 않으면 '수신'은 애당초 불가능해요. 하고 싶어도 안 됩니다. 몸을 주재(主宰)하는 것이 마음이니까요. 마음이 제대로 작동하지 않으면 몸은 고장 난 로봇처럼 제멋대로 움직여요. 이런 경우를 몸을 검속(檢束)하지 못한다고 하는데, '검속'은 상황에 적합하게 신중히 행동하는 겁니다. 그래서 '경이직지'(敬以直之), 마음을 항상 '경'으로 곧게 펴야 해요. '敬'은 '지경'(持敬)인데, 마음이 함부로 내달리지 않게 긴장하고 조심하는 것이지요, '신독'입니다. 마음을 조금의 굽힘도 없이 곧게 보존하는 것, '정심'이지요. '마음이 항상 보존되어야만 몸이 닦이지 않음이 없게 된다'(此心常存차심상존, 而身無不修也이신무불수야)고 하네요.

지금 우리는 '경'을 '존경'(尊敬)의 뜻으로만 써요. 상대방을 존중하는 것이지요. 그런데 주자는 '경'을 '지경'(持敬), '주경'(主敬)이라 하여 마음 보존의 공부, 신독으로 봅니다. 주자 철학의 특징을 내면주의라고 할 때, 모든 연구자들이 그 핵심을 '지경'으로 본답니다. 조선시대 임금이 현판을 내려 주신 최초의 사액서원(賜額書院)이 영주의 소수서원(紹修書院)이지요. '소수'는 성인의 학문을 이어서 배우란 뜻이고요. 주세붕(周世鵬, 1495~1554) 선생이 세우신 것으로 계곡을 따라 들어가다 보면 오른쪽 절벽에 붉은 글씨로 '敬'이라 써 있지요. 퇴계 선생의 필체인데, 단아하지요. '지경하라!' 항상 너의 마음을 관찰하고 바르게 지켜라! 이런 뜻이지요.

'음식을 먹어도 그 맛을 알지 못한다'(食而不知其味)의 '지미'(知味)가 왠지 익숙하지요? 『중용』 4장에서 '사람들이 음식을 마시고 먹지 않는 이가 없지만 맛을 아는 이가 적다'(人莫不飮食也^{인막불음식야}, 鮮能知味也^{선능지미야}), 우리의 삶에서 '중용'이 중요하다는 것을 알지 못하고 행할 줄도 모른다는 탄식이 있지요. '신독'도 그렇고 『대학』과 『중용』은 서로 통하는 구절들이 꽤 있답니다. 여기서는 마음이 가 있지 않으면 천하 진미도 그 맛을 모른다는 뜻이고요. 요새 TV 채널마다 먹방인데, 이 시대 모든 사람의 마음이 '食'에 가 있기 때문인가요? 먹을 것만 생각하고 살아라 조장하는 건가요? 원 참, 그렇게 먹어대서야… 오히려 음식 맛을 모르고 사는 것 아닌가요. 안동 장씨가 남긴 요리책 『음식디미방』의 '디미'가 '지미'(知味)입니다. 원재료의 맛을 살린 요리 비법을 남기신 건데, 책 뒤에 '딸들이 가져가지 않게 잘 지켜라'라고 써 있답니다. 아이고, 딸들은 출가외인이라고 그렇게 차별을 하셨네요. 하긴 1970년대만 해도 "딸을 가르쳐서 뭐하냐"는 소리 들었지요. 지금이야 그런 소리 하시는 분 없지만, 그 시대는 그런 시대였지요.

7-3 차위수신此謂修身이 **재정기심**在正其心이니라.

전 7장을 마무리하는 문장이군요. 경문 1-4의 '수신을 하고자 하면 먼저 그 마음을 바르게 하라'는 구절을 '수신이 그 마음을 바르게 하는 데 있다'고 약간 변형하여 깔끔하게 결론을 내렸네요. 이렇게 전 7장부터 9장까지는 팔조목을 둘씩 묶어서 풀어 간답니다. 7장은 정심과 수신, 8장은 수신과 제가, 9장은 제가와 치국——이런 식으로요. 그리고 7장의 마지막에 '이 다음부터는 모두 구문으로 바름을 삼았다'(自此以下자차이하, 並以舊文爲正병이구문위정)는 주자의 주석이 붙어 있습니다. 이후에는 문장 순서를 바꾸지 않고 『예기』의 「대학」을 그대로 따라간다는 것이지요. 그러면 왜 앞부분은 그렇게 바꾸었을까요? '격물치지' 부분이 약하다고 여겨서가 아닐까? 이런 심증이 강하게! 물론 물증도 있지요.

자, '성의'(誠意)부터 여기까지 간략히 정리해 볼까요? 노량진 공단기(공무원 시험 단기코스) 스타일로.^^ 마음의 뜻이 진실로 가득 차게 되면 실지로 악이 사라지고 선이 있게 될 거예요. 하지만 아무리

대단한 것도 마음에 보존하고 있지 못하면 말짱 헛것이지요. '正心'
이 되지 못합니다. 마음에 성의가 보존되어 있어야 나의 말과 행동이
바르게 될 수 있으니까요. 그래서 마음의 보존 상태를 세밀히 살펴서
[愼獨·持敬] 그 마음을 곧게[直]하여 수신(修身)으로 go go!

전傳 8장

8-1 所謂齊其家在修其身者, 人之其所親愛而辟焉,
소 위 제 기 가 재 수 기 신 자   인 지 기 소 친 애 이 벽 언

之其所賤惡而辟焉, 之其所畏敬而辟焉,
지 기 소 천 오 이 벽 언   지 기 소 외 경 이 벽 언

之其所哀矜而辟焉, 之其所敖惰而辟焉,
지 기 소 애 긍 이 벽 언   지 기 소 오 타 이 벽 언

故好而知其惡, 惡而知其美者, 天下鮮矣.
고 호 이 지 기 악   오 이 지 기 미 자   천 하 선 의

8-2 故諺有之曰 "人莫知其子之惡, 莫知其苗之碩."
고 언 유 지 왈   인 막 지 기 자 지 악   막 지 기 묘 지 석

8-3 此謂身不修, 不可以齊其家.
차 위 신 불 수   불 가 이 제 기 가

이른바 '자기 집안을 가지런히 함이 그 몸을 닦음에 있다'고 하는 것은 사람들이 그 가까이하고 사랑하는 것에 있어서 편벽되며, 그 천하게 여기고 싫어하는 것에 있어서 편벽되며, 그 두려워하고 공경하는 것에 있어서 편벽되며, 그 슬퍼하고 불쌍히 여기는 것에 있어서 편벽되며, 그 거만하고 나태한 것에 있어서 편벽된다. 그러므로 상대를 좋아하면서도 그의 나쁜 점을 알고, 미워하면서도 그의 아름다운 점을 아는 사람은 천하에 드물다.

그러므로 속담에 이런 말이 있다. "사람들이 자기 자식의 나쁜 점을 알지 못하고, 자기가 키우는 곡식의 싹이 크게 자란 줄을 모른다."

이것을 말하여 '몸이 닦여지지 않으면 그 집안을 가지런히 할 수 없다'는 것이다.

'수신'과 '제가'를 묶어서 해석한 전8장입니다. 혹시 평소에 '수신'이 무얼까 궁금하셨던 분들 계신가요? 『대학』이 수신학 교과서라 하면서 '수신', '수신' 하는데 뭘 어떻게 '수신'하라는 건가, 알아야 하지, 내가 알기만 하면 하고 만다! 속으로 이렇게요. 네, 『대학』에 정답 나와 있습니다. 한마디로 말씀드리면, '격물치지', '성의정심'의 과정이 '수신'입니다.

대학 팔조목을 "⇧⇨", 이렇게 화살표 2개로 정리하겠습니다. 너무 단순한가요? "⇧"는 격물→치지→성의→정심으로 나의 내면 공부이지요. 점차 빈틈없이 치밀해지고 다져지지요. 누가 대신 해줄 수는 없습니다. 내가 아무리 아들을 내 목숨보다 소중하게 여겨도 '수신'은 대신 못 해줍니다. 대신 죽어 줄 수는 있을지언정 '수신'은 안됩니다. 실감나시나요? 혼자 해내야 하는 거죠. 완전히 사적 영역입니다. 『대학』의 '제가치국평천하'(齊家治國平天下) 이전에 '수신'의 이런 과정(⇧)이 있어야 한다는 것! 『대학』의 삼강령의 시작인 '명명덕'이기도 하지요.

다음, "⇨"는 공적 영역입니다. '수신'한 나를 둘러싸고 있는 울타리, 가족→사회→국가이지요. 나와 타자와의 관계라고 보셔도 좋겠네요. 이것을 천지, 우주까지 확장한 것이 『중용』이지요. 『중용』은 '나'를 우주의 시공간에 펼쳐놓고 보는 큰 설계도이지요. 천도의 '성'(誠)을 나의 삶에서 구현하고자 하는 일생의 대업입니다. 『대학』은 '나'를 가족·사회의 관계 속에서 보는 작은 설계도입니다. '수신'에 힘쓰는 나의 사회적 실천이지요. 이렇게 간단히 『중용』과 『대학』의 관계를 정리하고 가겠습니다.

이제 '수신'의 주체인 나와 가족의 관계부터 볼까요. 두말할 필요 없이 제일 힘든 관계지요. 이 자리에도 풀리지 않는 가족 문제로 마음고생하시는 분들 계실 텐데요…. 마치 바위를 지고 있는 시시포스(Sisyphus)처럼 답답하고 괴롭지요.

8-1 소위제기가所謂齊其家**이 재수기신자**在修其身者**는 인**人**이 지기소친애이 벽언**之其所親愛而辟焉**하며 지기소천오이벽언**之其所賤惡而辟焉**하며 지기소외 경이벽언**之其所畏敬而辟焉**하며 지기소애긍이벽언**之其所哀矜而辟焉**하며 지기 소오타이벽언**之其所敖惰而辟焉**하나니 고호이지기악**故好而知其惡**하며 오이 지기미자**惡而知其美者**는 천하선의**天下鮮矣**니라.

경문 1-4의 '欲齊其家者욕제기가자 先修其身선수기신'이 무슨 뜻인지 푸는 부분입니다. '인'(人)은 '중인'(衆人), '많은 사람'으로 우리 같은 보통 사람들이지요. 전 7장에서 마음의 '부정'(不正)을 초래하는 '분치', '공구', '호요', '우환'을 말했지요. 여기서는 '수신'에 장애가 되는 5가지 '치우침'(偏)을 거론하네요. 이래저래 '치우침'이 '웬수'군요.

'갈 지'(之)자로 시작하는 5개 구절의 주어는 모두 '인'입니다. 여기서 '之'는 '어조사 어'(於)의 용법으로 '~에 대하여'라고 해석합니다. 보통 사람들은 이런저런 경우에 대하여 '벽'(辟)한다, 이렇게 5번 반복되네요. 여기서 '辟'는 '치우칠 벽'(僻)으로 사람의 정(情)이 치우치게[偏] 향한다는 겁니다. 전 7장에서 나의 마음에 '분치', '공구', '호요', '우환'이 있으면 '정심'이 어렵다고 했지요. 여기서 말하는 5가지는 살아가면서 만나는 상대방에 따라 일어나는 나의 '감정'을 말합니다. 향한 바[所向], 상대방에 따라 편향, 치우침이 생겨 '수신'이 어렵게 되지요. 그러면 '제가'도 어렵습니다. '수신'의 근본인 '정심'이 되었다면 만나는 상대에 따라 행해야 할 마땅한 도리가 있음을 알고, 그것에 준해 대할 수 있겠지요. 주자는 모든 사람의 관계에는 '당연지칙'(當然之則)이 있다고 하죠. 마땅히 그렇게 해야 하는 도리에 맞게 대해야 하는 거지요. 휴, 이렇게 할 수만 있다면 무슨 걱정이 있겠습니까?

자, 모든 사람은 골육지간(骨肉之間)에 친애의 감정이 넘쳐나서 정도에서 벗어나는 행동을 저지르기 쉽지요. 나의 금쪽같은 아들딸, 이러다 보면 지켜야 할 정도를 벗어나기 마련이죠. 자기 자신만 귀한 거예요. 그러고는 인지상정(人之常情)이라고 합리화하지요. 나보다 못한 사람을 만나면 '천오'(賤惡), 비천하게 여기고 싫어하는 마음이 생기면서 너그럽게 대하지 못합니다. 야박하게 굴지요. 나보다 지위가 높은 상급자나 웃어른을 뵙게 되면 '외경'(畏敬), 어렵고 공경하는 마음이 지나쳐서 '굴억'(屈抑), 지나치게 굽실거리거나 기가 죽기 십상이죠. 지도교수 앞에만 서면 왜 나는 작아지는가~, 20대 때 저의 고민이었답니다.

곤궁한 처지에 빠진 사람을 보면 어떤가요? '애긍'(哀矜)은 '불쌍히 여길 애'(哀), '불쌍히 여길 긍'(矜) 자입니다. 상대에 대해 불쌍히 여기는 마음이 넘쳐서 '고식지계'(姑息之計)를 생각하게 되지요. 구차하게 당장 어려운 상태에서 벗어날 임시방편을 마련하려 하는데, 이것 역시 벽(辟)이고 편(偏)이지요. 마지막으로 사랑할 만하지도 존중할 만하지도 않은 사람을 대할 때는 어떤가요? 인간 세상에는 상대방이 어떤 사람이든지 일단 만나게 되면[接] 마땅히 행해야 할 '예'(禮)가 있잖아요? 그런데 그냥 그런 사람을 만나게 되면 당연히 행해야 할 도리에도 소홀하게 됩니다. 그냥 나와 무슨 상관이랴, 언제 다시 보랴, 하면서 길 가는 사람 대하듯이 해요. 이것은 상대방에게 오만하고 소홀한 것[敖惰]이지요. '놀 오'(敖)는 '거만할 오'(傲)와 같은 뜻으로 상대방을 무시하는 겁니다. '게으를 타'(惰)는 상대방에게 불경하고 소홀히 대하는 것이지요. 우리가 살아가면서 이러면 곤란하지요? 자기가 뭐 그렇게 대단하다고 상대방을 무시하나요? 하긴 태어나면서부터 교만하고 방자한 DNA가 있는 사람들이 있지요. 가끔 이런 사람을 만나게 될 때가 있어요. 이 모든 것이 벽(辟)이고 편(偏)입니다. '수신'에 실패한 사람들이 왜 그렇게 잘난 척하는지, 쯧!

'친애', '외경', '애긍'은 '호'(好), 내 마음이 좋아하고 끌리는 것이지요. 하지만 그런 감정에 빠져[陷] 눈이 멀면 안 되겠지요. 그 가운데 어찌 악(惡), 문제점이 없겠습니까? 더 꼼꼼히 살피는 것이 '정심' 이후에 행해야 할 '수신'이지요. '천오'와 '오타'는 내가 싫어하고 멀리하는 것이지요. 하지만 거기에도 빠지면 곤란합니다. 그 가운데 어찌 좋은 점, 미덕이 없겠습니까? '수신'은 한마디로 이런 편벽됨을 바로잡는 과정이지요. '정심'을 유지하는 중용 군자라면 이런 편벽됨이 없겠지요, '시중'(時中)이 되니까요. 하지만 우리 같은 '중인'(衆人)은 이런 차별, 편벽의 구덩이에 빠져서 '수신'에 장애가 발생합니다. 그것도 수시로, 매일매일. '정심'과 '수신'의 과정을 반복 점검해야 하는 이유이지요. 편견과 편벽에서 벗어나기가 그만큼 어렵답니다.

여기서 아주 딱 박아서 말하는군요. 상대방을 좋아하면서 그의 나쁜 점[惡]을 알고, 상대방을 미워하면서 그가 가진 아름다움[美]을 아는 사람은 '드물다'고. 그것도 '천하'에 '드물다'고 하네요. '고울 선'(鮮)을 여기서는 '드물다'로 해석합니다. 『중용』 3장에서는 '중용'을 실천하는 사람이 드물다고 했지요. 여기서는 '好', '惡'의 감정에 치우침에서 벗어나 '수신'을 하는 사람이 드물다고 하네요. '드물다!' 그만큼 '정심' 이후에 '수신'에 이르는 것이 힘든 것이지요.

어떻게 팔조목의 매 단계를 넘어갈 때마다 '힘들다'는 말이 나오네요. 사람으로 사는 길이 그만큼 어렵다는 거지요. 그래서 증자는 뭐라고 했어요? '임무가 막중하고 갈 길이 멀다!'고 했죠. 역시 철저한 고민과 경험에서 나온 말이군요. 이렇게 힘든 일을 해내는 사람이 '군자'이지요. 자로(子路)가 묻지요. '군자'가 뭐하는 사람이냐고. '경으로 몸을 닦는 것이다'(修己以敬수기이경), 역시 공자님! 하지만 자로는 예상했던 답이 아니었던가 봅니다. 그 정도 하면 되냐고 다시 물어요. '몸을 닦아 남을 편안하게 하는 것이다.'(修己以安人수기이안인) 『대학』을 읽는 우리는 벌써 감 잡았습니다. 아! '수신'에서 '제가'로 갔구나! 하지만 자로는 여전히 불만이 남았나 봅니다. 그 정도 하면 '군자' 되냐고 다시 묻지요. 『논어』에서 자꾸자꾸 물어보고 불쑥 나서서 대답하는 것이 자로의 캐릭터지요. '몸을 닦아 백성을 편안하게 해야 하니, 몸을 닦아 백성을 편안하게 하는 것은 요순께서도 오히려 부족하다고 여기셨다.'(修己以安百姓수기이안백성, 修己以安百姓수기이안백성, 堯舜其猶病諸요순기유병제 『논어』「헌문」) 와우, '修己'로 '安人', '安百姓'으로 나아가는군요. '군자'는 '수기'를 '치국'·'평천하'까지 확장하는 사람이지요. 이것은 요와 순 임금도 어려워하셨다니 위안이 되지요? 자로가 제대로 이해하고 만족했는지는 알 수 없지만요.

8-2 고언유지故諺有之**하니 왈인막지기자지악**曰人莫知其子之惡**하며 막지기묘지석**莫知其苗之碩**이라 하니라.**

친절하셔라! 언(諺), 속담을 인용해서 다시 한번 말씀해 주시네요. 사랑에 눈먼 자는 어리석기 마련이지요. 불명(不明), 눈멀지요. 마찬가지로 자식 사랑에 빠진 사람도 자식의 결점, 악(惡)을 알지 못해요. 탐욕도 끝이 없어서 우리의 눈을 멀게 하지요. 내가 심은 묘목[苗]만 자라질 않은 거예요. 이미 훌쩍 자라 있는데도. 옆집 묘목만 쑥쑥 자라고 있는 것 같아 속이 타지요. '클 석'(碩), 여기서는 어린 싹이 크고 무성하게 자란 것이지요. 옆집 것만 무성하게 보이고 자기 묘목은 항상 쬐끄맣게 보이면 '알묘조장'(揠苗助長)하지요. 『맹자』에 나오지요? 빨리 자라게 한답시고 묘목 뿌리를 들어 올려 말려 죽이는 짓, 그런 멍청한 짓을 하고, 집에 가서는 '오늘 힘들게 일했다'고 한 사람 이야기요(「공손추」상). 여기서는 속담을 인용하여 보통 사람의 정[常人之情]은 호오(好惡)의 감정에 치우치기 쉽다는 것을 경계한 것이지요. 자, 이런 지경이 되면 제가(齊家)는? 네, 물 건너갑니다. 집안 가득 원망과 울부짖음으로 편할 날이 없겠지요. 생지옥이 따로 없을 겁니다. 내가 내 집을 생지옥으로 만들 수도 있다니! 겁나지요, 겁납니다.

8-3 차위신불수此謂身不修면 **불가이제기가**不可以齊其家니라.

전8장 마무리인데, 경문1-4의 '欲齊其家者욕제기가자, 先修其身선수기신'을 '身不修, 不可以齊其家'로 풀었군요. 전7장에 나오는 '분치', '공구', '호요', '우환'과 전8장에 나오는 '친애', '천오'의 5가지는 모두 감정의 치우침[偏], 빠짐[陷]이지요. 그럼 그 차이점은? '분치', '호요'는 '정심'에 장애가 되는 내 마음의 불균형, 편벽됨이지요. '正心'을 막는 '不正'입니다. '신독'과 '경이직지'로 발현되지 않도록 사전에 막아야 하지요. 전8장 '수신'의 5가지는 타자와의 관계 속에서 그때그때 발생하는 것입니다. '친애', '천오', '외경', '애긍', '오타', 모두 상대에 따라 치우치게 드러나는 나의 반응이지요. 집안 식구들일지라도 누구는 편애하고 누구는 소홀히 대하는 것이지요. 집안에서 이런 마음 씀, 감정이 드러나면 그 순간, '제가'는 끝나지요. 그래서 결론은? 다시 본(本)을 먼저! '제가'를 하려면 '수신'을, '수신'을 하려면 '정심'을, 이렇게 줄줄이 아래로(⇩)로! 그리고 다시 위로(⇧). 평생 반복해야 하지 않을까요? '생이지지'(生而知之)로 태어나지 않은 이상.

그럼 '제가'는 내 마음의 호오(好惡)를 드러내지 않고 치우침, 편애가 없으면 되는가? 아니지요. 호오를 숨기면 위선이 되고, 특히 가족은 한순간에 눈치채잖아요? 식구는 가장(假裝), 위장(僞裝)이 통하지 않는 관계이지요. '엄마는 왜 오빠만', '우리 엄마는 언니만', 이런 불만이 왜 터져 나오겠어요. 물론 우리가 하는 공식 대꾸가 있지요. 손가락을 올리면서, "엄마가 언제! 안 아픈 손가락 어디 있냐!", 하지만 별 효과 없지요. 역시 '제가'는 어려워요. 그래서일까요? '제가'는 전 9장으로 길게 이어진답니다.

전傳 9장

9-1 所謂治國必先齊其家者, 其家不可教, 而能教人者,
소 위 치 국 필 선 제 기 가 자   기 가 불 가 교   이 능 교 인 자

無之.
무 지

故君子不出家, 而成教於國. 孝者, 所以事君也 ；
고 군 자 불 출 가 이 성 교 어 국   효 자   소 이 사 군 야

弟者, 所以事長也 ；慈者, 所以使衆也.
제 자 소 이 사 장 야   자 자 소 이 사 중 야

9-2 康誥曰 "如保赤子". 心誠求之, 雖不中, 不遠矣.
강 고 왈   여 보 적 자   심 성 구 지 수 부 중 불 원 의

未有學養子而后嫁者也.
미 유 학 양 자 이 후 가 자 야

9-3 一家仁, 一國興仁 ；一家讓, 一國興讓 ；一人貪戾,
일 가 인 일 국 흥 인   일 가 양 일 국 흥 양   일 인 탐 려

一國作亂.
일 국 작 란

其機如此. 此謂一言僨事, 一人定國.
기 기 여 차 차 위 일 언 분 사 일 인 정 국

9-4 堯舜帥天下以仁, 而民從之. 桀紂帥天下以暴,
요 순 솔 천 하 이 인 이 민 종 지 걸 주 솔 천 하 이 포

而民從之.
이 민 종 지

其所令反其所好, 而民不從.
기 소 령 반 기 소 호 이 민 부 종

是故君子有諸己而後求諸人, 無諸己而後非諸人.
시 고 군 자 유 저 기 이 후 구 저 인 무 저 기 이 후 비 저 인

所藏乎身不恕, 而能喩諸人者, 未之有也.
소 장 호 신 불 서 이 능 유 저 인 자 미 지 유 야

9-5 故治國在齊其家.
고 치 국 재 제 기 가

9-6 詩云 "桃之夭夭, 其葉蓁蓁, 之子于歸, 宜其家人".
시 운 도 지 요 요 기 엽 진 진 지 자 우 귀 의 기 가 인

宜其家人而后, 可以教國人.
의 기 가 인 이 후 가 이 교 국 인

9-7 詩云 "宜兄宜弟". 宜兄宜弟而后, 可以教國人.
시 운 의 형 의 제 의 형 의 제 이 후 가 이 교 국 인

9-8 詩云 "其儀不忒, 正是四國". 其爲父子兄弟足法
시 운 기 의 불 특 정 시 사 국 기 위 부 자 형 제 족 법

而后, 民法之也.
이 후 민 법 지 야

9-9 此謂治國在齊其家.
차 위 치 국 재 제 기 가

이른바 '나라를 다스림이 반드시 먼저 자기 집안을 가지런히 하는 데 있다'는 것은 자기 집안을 제대로 가르치지 못하고 남을 가르치는 사람은 없기 때문이다. 그러므로 군자는 집을 벗어나지 않더라도 가르침을 나라에서 이룬다. 효는 임금을 섬기는 것이고, 제는 어른을 섬기는 것이고, 자는 무리를 부리는 것이다.

「강고」에서 '갓난아기를 돌보듯 하라'고 했으니 마음으로 정성껏 구하면 비

록 적중하지 않더라도 크게 벗어나지는 않을 것이다. 자식 기르는 법을 배운 뒤에 시집가는 여자는 있지 않았다.

한 집안 사람들이 어질면 한 나라 사람들이 인에 흥기되고, 한 집안 사람이 겸양하면 한 나라 사람들이 겸양에 흥기되며, 한 사람이 탐욕스럽고 도리를 어기면 한 나라 사람들이 난을 일으킨다. 그 관계가 이와 같으니 "한마디 말이 일을 그르치고, 한 사람이 나라를 안정시킨다"고 하는 것이다.

요와 순 임금이 천하 사람들을 인으로써 거느림에 백성들이 그를 따랐고, 걸과 주가 천하 사람들을 포악함으로 거느림에 백성들이 그를 따랐다. 임금이 명령하는 바가 임금이 평소에 좋아하는 바와 상반되면 백성들은 그 명령을 따르지 않는다. 그러므로 군자는 자기에게 선이 있은 이후에야 남에게 구하며 자기에게 악이 없은 이후에야 남을 비난한다. 자기 몸에 갖춘 것이 '서'가 아니면서 능히 남을 깨우친 경우는 있지 않았다.

그러므로 나라를 다스림이 자기 집안을 가지런히 함에 있다.

『시경』의 시에서 말하였다.

"복사나무 앳되고 곱구나! 그 잎이 무성하도다. 이 아가씨 시집감이여! 그 집안 사람들을 화목하게 하리라."

자기 집안 사람들을 화목하게 한 이후에야 나라 사람을 가르칠 수 있는 것이다.

『시경』의 시에서 말하였다.

"형을 잘 대하며 동생을 잘 대하네."

형을 잘 대하며 동생을 잘 대한 이후에야 나라 사람들을 교화시킬 수 있는 것이다.

『시경』의 시에서 말하였다.

"그 위의가 어긋나지 않는구나, 이 사방의 나라 사람들을 바르게 한다."

그 아버지와 아들, 형과 동생 된 자가 족히 본받을 만한 이후에야 백성들이
그를 본받게 되는 것이다.

이것을 '나라를 다스림이 자기 집안을 가지런히 함에 있다'고 하는 것이다.

'제가'와 '치국'을 해석한 전 9장인데, 분량이 만만치 않군요. 주자는 무려 9개의 절로 나누었어요. 우리도 그렇게 할까요? 중간에 『서경』, 『시경』에서 인용한 문장도 나오네요. 한참 안 나오다가 다시 나오면 더 어렵게 느끼는 분들 계신데, 제발 그러지 마십시오. 그냥 무심히 '단장취의' 했구나, 하시면 됩니다. 『서경』, 『시경』을 모두 읽은 후에야 『대학』을 읽을 수 있는 건 아니지요. 『대학』에서 하도 무엇을 한 다음에야 뭘 할 수 있다고 선후를 강조하니까, 뭐 읽은 다음에야 뭐 읽을 수 있나, 하는 엄중한(?) 생각이 들 수 있거든요. 인용문 다음에 바로 풀이가 나오니 바로바로 해결되는구나, 이렇게 가볍게 생각하면 마음의 긴장이 풀리면서 술술 읽히지요. 자, 가 볼까요?

9-1 소위치국所謂治國이 **필선제기가자**必先齊其家者는 **기가불가교이능교인자**其家不可敎而能敎人者는 **무지**無之라 **고군자불출가이성교어국**故君子不出家而成敎於國하나니 **효자**孝者는 **소이사군야**所以事君也요 **제자**弟者는 **소이사장야**所以事長也요 **자자**慈者는 **소이사중야**所以使衆也니라.

경문의 1-4에는 "욕치기국자, 선제기가"(欲治其國者, 先齊其家)라고 되어 있지요. 여기서는 "치국, 필선제기가"(治國, 必先齊其家)로 약간 바뀌었군요. '수신', 몸이 닦여야만 효(孝)·제(弟)·자(慈)로 집안을 가르칠 수 있다[可敎]는 건데, '가지런히 할 제'(齊) 대신에 '가르칠 교'(敎) 자를 썼군요. 여기서 '제가'(齊家)의 의미를 짚고 가야겠네요. 집안을 '가지런히 한다'는 것이 무얼까요? 한 가지로 강제한다는 건가요? 경 1-4를 풀 때 말씀드렸지만, 다시 한번! 『논어』「위정」에 '도지이정, 제지이형, 민면이무치'(道之以政, 齊之以刑, 民免而無恥)라는 문장이 있어요. '인도하기를 법령으로써 하고 가지런히 하기를 형벌로써 하면 백성들이 형벌을 면하려고만 하고 부끄러움이 없게 될 것'이라는 거지요. 그런데 여기서 주자는 '제'를 '일지'(一之), '하나로 만드는 것'이라고 풀었어요. 여기서 '도'는 법제(法制)와 금령(禁令)인데요, 법을 따르지 않는 사람들에게는 형벌을 써서 일정한 수준을 벗어나지 않게 통제, 통일시키는 거지요. 이어지는 문장에서 '도지이덕, 제지이예, 유치차격'(道之以德, 齊之以禮, 有恥且格)이라고 했으니까, '형'으로 하든 '예'로 하든 '제'에는 다분히 법적, 윤리적 강제력이 있는 것이지요.

하지만 『대학』의 '제가'는 나의 덕으로 집안을 '교화'하는 것이지요. 여기 분명히 '자기 집안을 가르치지 못하고 능히 남을 가르치는 사람은 없다'고 되어 있네요. 여기서도 중심은 '수신'을 이룬 '나'이군요. 내가 효(孝), 제(弟), 자(慈), 세 가지 덕목을 실천하여 집안사람들을 자연스럽게 감동시킬 수 있고, 그러면 집안 사람들이 자연스럽게 교화된다는 거네요. 가족에게 스트레스를 주어 강압적으로 하나로 통일시키는 것[一之]이 아니랍니다. 『대학』에서 '제가'의 '제'는 '교'(敎)이고, '화'(和), '목'(穆)으로 보셔도 좋습니다. 나의 '수신'으로 집안을 화목하게!

그럼 어떻게 집안을 화목하게 할 것인가? 네, 답이 나와 있지요,

효! 제! 자! 이 세 가지로 '제가'와 '치국'이 모두 가능하다, 이것이 전 9장의 핵심이기도 합니다. 가족 윤리로 나라까지 확장해서 다스릴 수 있다는 건데, 그 파급 효과 중 1단계를 볼까요? 내가 효로 최선을 다해 부모님을 섬기면 일가(一家)가 모두 효를 하게 되겠지요. 여기서 '아우 제'(弟)는 '공경할 제'(悌)의 뜻입니다. 내가 웃어른의 뜻을 따르고 공경한다면 가족 구성원 전체가 그렇게 따라한다는 겁니다. '사랑할 자'(慈)는 윗사람이 아랫사람을 아끼고 사랑을 베푸는 것이지요. 내가 자애의 마음으로 무리를 대한다면 일가가 모두 그런 마음으로 아랫사람을 대하겠지요. 『논어』에서 강조하는 '입효출제'(入孝出悌)이지요. 집안에서는 부모님께 효도하고 집 밖에 나가면 연장자들을 공경한다, 그것이 사람살이의 근본이다. 깔끔하지요.

그럼 이런 파급 효과는 어느 범위까지? 나와 내 가족을 넘어 한 나라[一國]의 구성원 전체로! 여기서는 '수신'이 '제가'의 본(本)이 되고, '제가'가 '치국'의 본이 된답니다. 그렇다면 군자는 구태여 출사(出仕)하지 않더라도 나라를 교화시킬 수 있지요. 내 부모에게 하는 '효'가 군주를 섬기는 것[事君]으로 확장되고, 집안의 형과 이웃의 웃어른을 공경하는 '제'가 사회의 웃어른, 상급자를 섬기는 것[事長]이 되니까요. 내가 집안에서 자식과 아랫사람들을 사랑하는 '자'는 공적 자리에서 아랫사람들을 부리는[使衆] 이치가 됩니다. 이렇게 '제가'와 '치국'의 이치는 순차적으로 이어지지요. 군자는 '집을 벗어나지 않고도 가르침을 나라에서 이룬다', '제가'의 파급 효과가 지

대하군요.

여기서 내가 효, 제, 자를 지성(至誠)으로 해도 일가(一家) 중에 따르지 않는 사람이 있으면 어떡하나? 이런 의문이 들지요. 사람 마음을 움직이기가 얼마나 어려운데, 이런 일이 가능할까? 네, 어려운 일이지요. 일가까지 갈 것도 없어요. 아내, 아들, 딸과의 불화를 풀어낼 길이 보이지 않으면 어떡할 것인가? 고민이지요. 그렇기 때문에 '반구저신'(反求諸身), '돌이켜 자신에게서 문제점을 찾는 성찰의 과정'을 되풀이할 수밖에 없는 겁니다. 『대학』 스타일로 정답을 말씀드리면, 원인은 나의 '수신' 함량 부족, 처방은 더욱 '수신'에 매진할 것, 입니다. 자신의 내면(⇩) 방향을 철저히 점검해야겠지요. 아무리 애써도 주변 사람들이 외면하고 불화가 지속된다면 '수신'에 문제가 있기 때문이지요. 역으로 정심→성의→치지→격물의 내적 성찰 과정이 필요합니다. '本'으로 소급해 가는 거지요. 결국 『대학』의 '수신'은 목표이자 끝없는 과정이군요.

그건 그렇다고 치고 효, 제, 자는 가족 내의 윤리인데, 이것을 그대로 일국(一國)의 공공 윤리로 확장시킬 수 있는가? 이런 의문도 당연합니다. '수신'과 '제가'의 이치로 나라를 다스릴 수 있다고 보니, 너무 순진한 것 아닌가? 권모술수가 난무하는 정치공작의 현장에서 효, 제, 자가 무슨 힘이 있나! 그렇지요. 그렇게 보입니다. 하지만 '정치'도 결국 사람이 하는 일이고, 사람살이 중의 하나일 뿐이지요. 한 번 더 생각해 보시면, 집안이야말로 치열한 정치의 영역이지요. 그것도 아주 가열찬! 역시 격하게 공감하시는 분, 계시군요. 그렇습니다. 유가에서 정치의 시작은? 집안! 정치 경험도 집안에서 골고루 충분히 연마할 수 있지요.

9-2 강고왈康誥曰 **여보적자**如保赤子라 하니 **심성구지**心誠求之면 **수부중**雖不中이나 **불원의**不遠矣니 **미유학양자이후**未有學養子而后에 **가자야**嫁者也니라.

『서경』「강고」에서 '여보적자'(如保赤子)를 인용하여 재미있게 이야기를 푸는군요. '양육법을 배우고 시집가는 여자는 있지 않다'고. 「강고」에는 '약보적자, 유민기강예'(若保赤子, 惟民其康乂)라고 되어 있는데, '약'자가 '여'로 바뀌었군요. 같은 뜻이랍니다. 네? 「강고」의 문장이 무슨 뜻이냐고요? "갓난아이를 보호하듯 하면 백성들이 편안해지고 잘 다스려질 것"이라는 겁니다. '벨 예'(乂)가 여기서는 '다스리다'입니다. 군주가 백성을 아무것도 모르는 갓난아이를 돌보듯이 보호한다면 치국은 만사형통이라는 거지요.

다시 『대학』으로 돌아올까요? 그럼 여기서 '적자', 갓난아이를 보호하듯이 하라는 것은 뭔가? 아니 왜 갑자기 이런 말을 던지나? 주자의 주는 언뜻 보면 어렵기만 합니다. 이 부분을 '가르침을 세우는 근본[立敎之本]은 억지로 하는 것[强爲]이 아니라 그 단서[端]를 알아서 미루어 넓혀 가는 데[推廣] 있다'는 것을 밝힌 것이라 하는데, 이 또한 애매하게 들리네요. 우리 식으로 풀어 볼게요. 여기서 '입교'(立敎)는 '제가'이지요. 9-1에서 '제가'의 '제'를 '교'로 풀었어요. 그럼

'입교'의 본(本)은 바로 효(孝), 제(弟), 자(慈)가 되겠네요. 효, 제, 자, 이건 억지로 할 수 있는 것이 아니지요. 억지로 할 수 없는 것이기에 더더욱 그 단서[端]를 알아서 확충하는 과정이 필요합니다. 자, 이러면 주자의 주가 뭔 소린지 알 수 있지요.

자, 벌써 눈치채셨나요? '적자'는 우리 내면의 미미한 단서, 실마리[端]를 끄집어내기 위한 비유이지요. 『맹자』의 우물로 기어가는 '유자'(孺子)와 같지요. '효', '제', '자'의 이치는 사람마다 그 내면에 있는 타고난 도리이지만 그런 것이 있나 의심하고 방치하기 쉽지요. 그런데 갓난아이에 대한 마음은 그렇지 않아요. 그래서 갓난아이를 대하는 무조건적 사랑으로 우리 내면의 '효', '제', '자'의 단서를 불러온 겁니다. 맹자는 우물가로 기어가는 어린아이를 보게 되면 누구나 다 '출척측은지심'(怵惕惻隱之心)이 일어나기 마련이라고 했지요. 굳이 맹자의 말을 빌릴 필요도 없어요. 차가 다니는 도로가의 어린아이를 보면 염려하는 마음에 나도 모르게 아이 손목을 잡게 되잖아요? 누구나 위험한 상황의 아이를 보면 가슴이 벌벌 떨리면서 측은한 마음이 일어나 그냥 아이를 구하러 뛰어가게 됩니다. 내가 아는 집 아이이기 때문도, 무슨 대가를 바라서도 아니지요. 맹자는 사람이면 누구나 '인·의·예·지'의 '사단'(四端)을 가지고 있는데, '측은지심'은 인(仁)의 단서(端緒)라고 했어요. 우물가의 어린아이를 그냥 바라만 보는 사람은? '인간이 아니다'[非人]라고 하지요. '측인지심'이 없으면 인간이 아니다, 맹자의 단언입니다. '수오지심', '사양지심', '시비지심'이 없어도 인간이 아니지요. 맹자의 '사단'은 인간과 금수 사이의 최저 커트라인입니다. '인수지변'(人獸之辨), 사람과 짐승의 구별법이 궁금하신가요? '사단'입니다.

자, 이제 『대학』의 '여보적자'로 돌아갈까요? 제가 잠시 증자가 되어 보겠습니다. '효', '제', '자'의 이치는 사람이면 누구나 가지고 있다. 의심하지도 방치하지도 말라! 말 못하는 갓난아이는 배가 고프고 엉덩이가 축축해도 그 뜻을 전달하지 못한다. 울 뿐! 하지만 엄마가 진심을 다해 갓난아이의 뜻을 구하면 비록 매번 적중하지 않을지라도 크게 벗어나지는 않게 된다. 그럼 됐다, 그렇게 '제가'하고 '치국'하면 된다.

그렇지요. 우선 기저귀를 살펴보고 젖을 먹이면 갓난아이는 울음을 그치지요. 잠투정으로 계속 울기도 하지만. 그럼 토닥토닥 재우면 되고요. 양육법을 배운 후에 시집가는 여인은 없지요. 그래도 그런 대로 아이 키우고 살게 마련이지요. '시집갈 가'(嫁)입니다. 돌아가신 제 친정어머님도 내내 걱정하셨지요, 저렇게 시꺼먼 한문책만 끼고 다니고 아무것도 모르니 외손주 제대로 키우려나, 쯧쯧쯧 하시면서요. 저는 '걱정하지 마시라'고 했지만 어찌 걱정이 없었겠어요. 그냥 막연히 맞닥뜨리면 어떻게 되겠지 하는 마음으로 살았지요.

결국, 엄마가 갓난아이를 정성을 다해 키우듯이 내가 집안에서 '효', '제', '자'의 도리에 충실하면 '제가'가 되고 미루어 확장하여 '치국'도 된다, 이것이 9-2절의 뜻이랍니다. '知'→'行'→'推行'의 3

단계지요. '자'(慈)를 예로 들어 '효'와 '제'의 이치까지 아우른 것이고요. 배우지 않았다고, 모른다고 뒤로 물러날 일이 아니라는 겁니다. 갓난아이에 대한 정성, 진심으로 부모님과 어른을 대하라!

9-3 일가인一家仁이면 **일국흥인**一國興仁하고 **일가양**一家讓이면 **일국흥양**一國興讓하고 **일인탐려**一人貪戾하면 **일국작란**一國作亂하나니 **기기여차**其機如此하니 **차위일언분사**此謂一言僨事며 **일인정국**一人定國이니라.

우선 '일가'와 '일국'의 관계가 눈에 확 들어오는군요. 한 집안 사람이 어질다는 것은 '제가'가 된다는 것이겠지요. 그러면 '일국', 나라 사람들이 모두 흥기하여 인을 행하게 되겠지요. '사양할 양'(讓)이에요, 한 집안 사람들이 서로 예(禮)에 맞게 양보하고 배려하면 나라 사람들이 모두 따라 하기 마련이라고 합니다. 겸양(謙讓), 타자에 대한 존중이 바로 예의 실천이니까요. 맹자는 '사양지심'(辭讓之心), 겸손하게 자신을 낮추는 것이 예의 단서[禮之端]라고 했지요. 이런 연쇄반응이 바로 "군자불출가, 이성교어국"(君子不出家, 而成教於國)입니다. 굳이 집안을 떠나서 벼슬하지 않아도 나라에서 그의 가르침이 이루어진다는 것이지요.

다음은 '일인'과 '일국'의 관계를 말하네요. 한 사람이 '탐려'하면 나라 전체에 난리가 일어난다네요. '탐할 탐'(貪), '어그러질 려'(戾), '탐려'는 탐욕과 도리에 어긋난 행동이지요, '효', '제', '자'와 정면으로 배치되는 행동으로 보시면 된답니다. 그럼 여기서 '일인'은?

네, 그렇습니다. 한 나라의 지도자, 군주(君主)지요. 군주 한 사람의 탐욕과 탈선이 나라의 혼란으로 이어지지요. 역사는 이런 사례와 경계로 가득하지요. 너무도 많아요. 자, '일인'의 '수신', '일가'의 '제가'가 이렇게 '일국'의 정치로 이어진다니, 저절로 마음이 엄숙해집니다. '틀 기'(機)는 기관의 발동이 일어나는 곳인데, 여기서는 '실마리', '조짐'의 '기미 기'(幾)로 보셔도 좋습니다. 기관이 발동하는 것이 이와 같다는 것은 '일인', '일가'와 '일국'의 관계가 이렇게 긴밀하게 연계되어 움직여 나간다는 것이지요. '그 기미가 이와 같다'로 해석하셔도 됩니다.

'일언분사, 일인정국'은 '차위'(此謂)가 있어서 마치 인용문처럼 되어 있는데, 연쇄 반응의 의미를 강조하기 위한 표현법이랍니다. '넘어질 분'(僨) 자인데요, 말 한마디의 실수가 중요한 일을 망칠 수 있다는 거지요. 반대로 한 사람의 바른 행동[正]이 나라를 안정시킬[定] 수도 있고요. 군주 한 개인의 '탐려'가 자신과 나라 전체의 재앙을 불러오고 한 개인의 '수신'—'효', '제', '자'의 실천이 나라의 안정을 가져온다니! '효', '제', '자'를 행하는 것이 나라를 안정시키는 근본[定國之本]이라는 걸 알게 되면 절대로 함부로, 대강 살 수가 없겠네요. 국정을 맡은 위정자의 책임은 이렇게 무겁기만 한데, 정치를 하겠다고 나서는 사람들이 이런 생각을 하고는 있는 건지?

9-4 요순솔천하이인堯舜帥天下以仁한대 **이민종지**而民從之하고 **걸주솔천하**

이포桀紂帥天下以暴한대 **이민종지**而民從之하니 **기소령**其所令이 **반기소호**反
其所好면 **이민부종**而民不從이라 **시고**是故로 **군자유저기이후**君子有諸己而后
에 **구저인**求諸人하며 **무저기이후**無諸己而后에 **비저인**非諸人하니 **소장호신**
所藏乎身이 **불서**不恕요 **이능유저인자**而能喩諸人者 **미지유야**未之有也니라.

우선 성군(聖君)의 대명사인 요순(堯舜)과 폭군(暴君)의 대명사
인 걸주(桀紂)가 등장하는군요. 이 부분은 9-3의 '일인정국'(一人定
國)을 이어서 말한 것입니다. 그 '일인'이 요순이냐, 걸주냐에 따라 천
하 백성의 삶과 수준이 달라진다는 거지요. 전근대 왕조에서 '군주'는
어떤 존재인가? 우선 군주는 시간과 공간의 기준점입니다. 매달 군주
가 반포한 달력에 맞춰 1년을 살아가고, 군주가 거주하는 궁궐을 꼭
지점으로 삼아 국토를 사방 몇 리로 계산하지요. 또 군주는 일국의
'황극'(皇極)으로, 나라의 표준이 되는 법, 덕화(德化)와 정령(政令)이
군주 한 사람에게서 나옵니다. 이런 군주가 '효', '제', '자'의 덕을 행
한다면 천하의 백성들이 감화되어 따라서 행하게 되겠지요. 모든 백
성들이 그의 언행을 바라보고 있으니까요. 그만큼 영향력이 큰 절대
적 존재니까요.

걸주의 경우는 어떨까요? 그들도 분명 '인의'의 정치를 표방했
지요. 다만 그들의 내면이 '탐려', '포악'으로 가득 차 있었기 때문에
백성들도 걸주가 좋아하는[所好] 포악함을 따라하지요. 처음부터 요
순의 백성, 걸주의 백성이 정해져 있었던 것은 아니지요. 군주 내면의
호, 불호를 이렇게 숨길 수가 없답니다. 백성은 군주가 속으로 좋아하

는 것과 법령이 어긋날 때, 군주가 좋아하는 것을 따르기 마련이지요. 참, 시대마다 흐름, 분위기라는 것이 있잖아요? 독재의 시대를 살게 되면 싫어하면서도 닮게 되는 것도 이런 이유이지요.

'어조사 저'(諸)는 '지어'(之於)의 뜻인데, 여기서 '유저기', '자기에게 있는 것'은 '효', '제', '자'의 선(善)입니다. '무저기', '자기에게 없는 것'은 그 반대인 불선(不善)이지요. 군자가 자신에게 선한 덕이 있은 이후에야 다른 사람에게 선을 권할 수 있겠지요. '구저인'입니다. 반대로 불효(不孝), 부제(不弟), 부자(不慈)의 불선(不善), 악(惡)이 없게 된 이후에야 다른 사람을 비난할 수 있는 겁니다. '비저인'의 '아닐 비'(非)는 '비난하다'로 푼답니다. 내면을 선으로 채운 군자는 법령을 집행하여 백성의 불선을 금할 수도 있지요. 자, 여기서 '구저인', '비저인'이 무얼까요? '추기급인'(推己及仁), '서'(恕)의 실천입니다.

다음 구절을 볼까요? '감출 장'(藏)이니까 '몸에 간직한 것'[所藏]은 간단히 말씀드리자면 '서' 아니면 '불서'입니다. '인' 아니면 '불인'이지요. 내면을 성찰하였는데, 만약 그곳에 '서'가 없다면, '제가'도 '치국'도 불가능합니다. '추기급인', '인'의 실천은 시작도 못해봅니다. 여기서는 '몸에 갖춘 것이 서(恕)가 아니면서 능히 남을 깨우친 경우는 있지 않았다'고 못 박는군요. '서'는 '인'의 실천이지요. 전10장에 가면 '혈구지도'(絜矩之道)로 나온답니다. '인', '서'에는 소극적 실천과 적극적 실천이 있지요. 『논어』 「안연」에 나오는 '기소불욕,

물시어인'(己所不欲, 勿施於人)은 1단계의 소극적 실천이지요. 하지만 '자기가 원하지 않는 일을 남에게 행하지 않는 일'은 결코 쉽지 않아요. 자기는 하기 싫으면서 다른 사람에게는 시키는 경우가 얼마나 많습니까?「옹야」에 나오는 '기욕립이립인, 기욕달이달인'(己欲立而立人, 己欲達而達人)은 높은 수준의 적극적 실천인데, 더 어려운 단계입니다. '내가 어느 곳에 서고 싶으면 다른 사람도 거기에 서게 하고, 내가 어느 곳에 도달하고 싶으면 다른 사람도 거기에 도달하게 한다'는 겁니다. 주변 사람부터 시작하여 천하의 모든 사람들을 내가 원하는 단계에 같이 갈 수 있게 이끈다는 것인데, 어렵지요. 여기서는 요순(堯舜)의 정치가 백성을 이렇게 이끌었다는 거지요.

'깨우칠 유'(喩)는 '깨달을 효'(曉)의 뜻입니다. '자기를 확장해서 다른 사람에게 미치는 것'이 '서'(恕)인데, 자신의 내면에 '서'가 없으면 다른 사람을 깨우칠 수는 없겠지요. 감응이 일어나지 않으니까요. 백성이 따르지도 않습니다. 걸주(桀紂)의 정치가 별다른 것이 아니군요. 탐욕에 가득 찬 인간이 법, 법 하면서 법치를 가장하면 그 꼴을 바라보는 백성들 마음이 오죽하겠어요? 부종(不從), 따르지 않고 결국은 불복(不服)하게 되겠지요. 그럼 군주는 '일부'(一夫) '독부'(獨夫)의 처지가 되고 맙니다. 그러면 이미 군주라 할 수 없지요. 민심을 잃은 군주는 그냥 '한 사람'일 뿐이다. 맹자의 역성혁명론의 전제입니다.

주자는『대학』의 저자를 증자로 보았지만 사마천의「중니제자열

전」에는 『효경』을 지었다고 하지요. 증자에 관한 자료도 소략하기 그지없지요. 그래도 『논어』에는 15번이나 등장하여 섭섭한 마음을 줄일 수 있답니다. 그 중에서 가장 중요한 자료가 「이인」의 공자와 증자의 문답이지요. 공자가 증자의 이름 삼(參)을 부르면서 '나의 도는 일이관지'(吾道一以貫之)라고 하지요. 증자는 바로 알아듣고, '네[唯], 선생님' 해요. 공자가 나간 후에 다른 제자들이 묻습니다. '무슨 말씀을 하신 거냐'고요. 교실 풍경이 눈에 선하시죠. 그때 증자가 말합니다. 선생님의 도는 '충서'일 뿐(夫子之道, 忠恕而已矣)이라고요. 그 순간에 공자의 의발(衣鉢)이 증자에게 전해진 것 같다고 말씀드렸지요? 왜냐? 공자 철학의 중심은 '인'(仁)이고, '인'이 바로 '충'과 '서'이니까요. 공자의 '도'는 '충서'로 '일이관지'한다는 사실을 증자가 정확하게 파악했으니까요. 다른 제자들은 미처 몰랐다고 하잖아요?

주자는 '충'을 '진기'(盡己), '서'를 '추기'(推己)라고 했답니다. 가지고 태어난 '성', '명덕'을 다하는 것, '명명덕'이 '충'인 거지요. 자기 존재에 대한 최대한의 성실성이지요. 『중용』의 '성'(誠)이 이어지지요. 하지만 자기만 잘되면 뭐하나요? 다른 사람들에게 확장해야지요. 다른 사람을 '유'(喩), 깨우쳐 변화시켜야 해요. '추기급인'이자 '신민'입니다. 자신에게 '추기급인'의 '본'이자 '선'인 '수신', '서'가 없다면 다른 사람에게 아무런 영향을 줄 수 없겠지요. 그럼 정치 못합니다. 영(令)이 서지 않고, 따르지 않지요. 그럼 아무리 군주라 하더라도 무얼 할 수 있겠습니까? 공자는 "그 몸이 바르면 명령하지 않아도 행해지고, 그 몸이 바르지 않으면 비록 명령을 내려도 따르지 않는다"(子曰자왈, 其身正기신정, 不令而行불령이행, 其身不正기신부정, 雖令不從수령부종 『논어』「자로」)고 했지요. 사람 사는 세상의 당연한 이치입니다. 내가 어떤 사람인지, 무엇을 좋아하고 숨기고 있는지, 훤히 보이지요. 모두 꿰뚫어 보지요. 군주의 경우는 더 심하고요.

9-5 고치국故治國이 **재제기가**在齊其家니라.

앞에서 논한 것을 짧게 정리하고 가네요. 우리도 다시 한번 정리하고 갈까요? 나라를 다스리는 것을 제도와 법령의 작동, 시스템의 운영으로 여기기 쉬운데 그렇지 않다는 겁니다. 사람을 봐야 한다, 이것이 『대학』의 정치론이지요. '일신'의 행동거지(行動擧止)가 '일가'의 추향(趨向)을 결정하지요. '제가'(齊家)가 한 사람의 '수신'에 달려 있으니까요. '일가', '일인'이 사는 모습과 가치관을 '일국'의 백성이 바라보고 따라 하게 되고요. 결국 '치국'은 '제가'에, '제가'는 '수신'에 줄줄이 연계되어 있다! 이것이지요. 삼강령의 '명명덕'과 '신민'의 관계를 이렇게 정리해 주십시오. '명명덕'이 '本'이고, '신민'이 '末'이다. 깔끔하게!

9-6 시운詩云 **도지요요**桃之夭夭여 **기엽진진**其葉蓁蓁이로다. **지자우귀**之子于歸여 **의기가인**宜其家人이라 하니 **의기가인이후**宜其家人而后에 **가이교국인**可以教國人이니라.

오랜만에 줄줄이 시 인용이 나왔군요. 『시경』 「도요」(桃夭)는 전체가 3장으로 되어 있는데, 그 중에서 마지막 장 네 구절을 가져왔군요. 원 작품은 화창한 봄날에 시집가는 아가씨[之子]를 축복하는 노래랍니다. 시가(媤家)에 가서 집안을 화목하게 하고 번성하게 하라는 내용이지요. 결혼 축하 노래로 화사한 분위기가 봄날과 잘 어울리지요. 그래서 입춘(立春)에 '입춘대길'(立春大吉), '건양다경'(建陽多慶)이라고 써서 대문에 붙이지만, '도지요요'(桃之夭夭)라고 쓰기도 하지요. 복숭아나무의 어린 새잎에서 뻗어 가는 봄의 에너지를 흠뻑 느끼지요. 여기서는 시집가는 여인이 치국의 '군자'가 되었군요. 나라를 다스리는 군자가 '수신'을 잘하여 집안을 화목하게 한 이후에 나라 사람들을 가르칠 수 있다고 하네요.

시를 볼까요? '요요'는 '어리고 좋은 모양'[少好]이에요. '어릴 요'(夭) 자를 겹쳐 써서 봄날 복숭아나무의 파릇파릇한 아름다운 모습을 표현했네요. '우거질 진'(蓁)은 잎이 무성한 모양이고, '돌아갈 귀'(歸)는 여기서는 '시집가다'입니다. 여자가 출가(出嫁)하는 것을 '귀'라고 한답니다. '之子'는 '이 아가씨'로 번역하는데 '갈 지'(之)는 지시사로 '이 시'(是)의 뜻이랍니다. 인용한 시에서 가장 중요한 단어가 '마땅할 의'(宜)인데, 신부가 시집가서 그 집안사람을 화목하게 할 것이라는 거지요. 여기서는 '선'(善), '제'(齊), '교'(敎), '화'(和), '목'(穆)자와 통하는 뜻으로 보시면 됩니다. '의기가인'이 바로 '제가'이지요. '교국인'은 '치국'이고요. 9-1에서 '제가'의 '제'를 '교'(敎)라

고 했지요. '가'와 '국'을 모두 '교화'의 대상으로 보는 것이 『대학』이
랍니다.

9-7 시운詩云 의형의제宜兄宜弟**라 하니 의형의제이후**宜兄宜弟而后**에 가이**
교국인可以教國人**이니라.**

　"형에게 잘 대하며 아우에게 잘 대한다"는 구절은 『시경』「육소」
(蓼蕭)에서 가져온 것이랍니다. '클 육'(蓼), '대쑥 소'(蕭)로 '육소'는
'길게 자란 다북쑥'을 말하지요. 천자의 은택에 감복한 제후들이 조
회에 왔을 때에 불렀던 노래라네요. 여기서는 '제가'를 말한 것이지
요. 나라를 다스리는 군자가 자신의 집안에서 형과 아우의 도리를 마
땅하게 행한 이후에야 나라 사람들을 가르칠 수 있다는 말이지요.
9-6의 시 풀이와 같지요. '宜'를 '제가'의 '齊'로 본 겁니다. '치국'은
'교국인'이 되었고요.

　그런데 '의형의제'는 어떻게 가능할까요? 이 역시 어려운 일이
잖아요? 『논어』「안연」에 보면 제나라 경공(景公: 기원전 548~기원전
490 재위)이 정치를 묻자 공자가 '군군신신부부자자'(君君臣臣父父子
子)라고 대답해요. 정치를 물었는데, 부모와 자식 관계까지 말하지요.
제경공도 당연히 군주이자 아버지인데, 당시에 후계자를 확정하지
못하고 있었거든요. 공자는 제경공의 가장 아픈 부분을 건드린 거지
요. 여기서는 이 구절을 약간 변형해서 '형형제제'(兄兄弟弟)로 봐도
좋겠네요. 형은 형답고 동생은 동생답게. 그런데 형이 형답지 않고,

동생이 동생답지 않아 집안의 분란이 그치지 않는다면 어떻게? 곤란하지요. 그렇다면 다시 이전 단계, '수신'을 점검해야겠지요. 쉽지 않겠지만. 여기서도 계속 '치인'이라 하지 않고 '교국인'이라 하지요. 동양 정치론은 '治'를 '敎'로 푸는 것이지요. 교화론(敎化論)입니다. 주자 정치론의 핵심도 적극적 교화론입니다. '새로운 백성'[新民]은 개개인의 자발적 변화, 교화를 통해서만 가능하고 군주의 역할은 백성을 그런 길로 안내하는 거지요. 치국의 책임을 맡은 '일인'의 도덕성이 그만큼 중요합니다. 그의 '수신'이 '일가'의 '제가'로, 다시 '일국'의 '교국인'으로.

9-8 시운詩云 기의불특其儀不忒**이라 정시사국**正是四國**이라 하니 기위부자형제**其爲父子兄弟**가 족법이후**足法而后**에 민법지야**民法之也**니라.**

　연속으로 시 인용이 세 번 나오고 있는데 모두 길지는 않군요. 『시경』「시구」(鳲鳩)의 두 구절입니다. 시 제목 '시구'는 '비둘기'랍니다. 공자는 『시경』을 읽으면 조수(鳥獸)와 초목(草木)의 이름을 많이 알 수 있다고 했는데, 정말 그렇지요. '거동 의'(儀)는 위의(威儀)로 푸는데, 언행이 예법에 맞는 것을 말합니다. '어긋날 특'(忒)이니 '불특'은 위의가 예의에 어긋나지 않는 것이지요. '正'과 '法'은 모두 동사로 '바로잡다', '법으로 삼다, 본받다'입니다. 나라를 다스리는 군자가 부모로서, 자식으로서, 형제로서 그 위의가 예의에 어긋남이 없어야지만 사방의 나라를 바르게 할 수 있다는 거지요. '四國', 사방의 나라가 나와서 그 범위가 저절로 '天下'로 확장되는군요. '평천하'는 10장의 주제이지요.

결국 군자가 천하 사람의 신망을 얻는 길은 부모 노릇, 자식 노릇, 형 노릇, 동생 노릇을 제대로 하는 수밖에 없군요. 군자의 '제가'가 다른 사람의 본보기가 된 이후에야 백성들이 그의 위의 있는 언행을 법으로 삼으니까요. '신민'이 되는 거지요. 지도자의 위의를 보고 저절로 감응되어, 깨우쳐[喩] 따르게 된다[從]는 거지요. 여기서는 '教' 자 대신에 '法' 자를 썼어요. '국인'을 '교화한다'가 백성들이 '본받는다'로 되었지만, 그 의미는 같지요. 지도자와 백성 간의 자연스러운 감응은 '서'의 실천이지요. 요순 시대의 백성은 선해지고 걸주 시대의 백성이 포악해지는 것처럼. 다시 한번 『대학』의 정치는 어디서부터? 네, 나와 가족 관계로부터.

9-9 차위치국此謂治國이 **재제기가**在齊其家니라.

'나라를 다스림이 그 집안을 가지런히 함에 있다'는 경문의 뜻으로 9장을 마무리했군요. 경문 1-4에는 '욕치기국자 선제기가'(欲治其國者 先齊其家)라고 되어 있지요. 그런데 전에서는 '齊'가 '教'로 되어 있고 나의 '덕'으로 인한 집안 사람들의 자발적 변화에 중점이 있지요. 군자의 덕은 '바람'(風)이고 소인의 덕은 '풀'(草)로 보는 겁니다. 풀은 바람이 불면 따라 쓰러지기 마련이지요(君子之德, 風; 小人之德, 草; 草上之風, 必偃.『논어』「안연」).

세 편의 시를 인용하여 '수신'→'제가'→'치국'의 연속성을 말한 것인데, 주자는 그 깊은 의미를 잠완(潛玩)해야 한다고 하네요. 잠완? 어려운 단어이군요. 잠심(潛心)하여 완미(玩味)하라는 것인데, 잠심은 이 문제를 마음에 두고 깊게 생각하는 것이고, 완미는 음식을 꼭꼭 씹어 먹듯이 탐구하라는 겁니다. 우리 모두는 부모이자 자식이고 형이고 동생이지요. 각각의 경우에 도리에 맞게 말하고 행동해야만 '제가'를 할 수 있겠지요. 편애, 차별은 안 됩니다. 내 기분에 따라 이랬다 저랬다도 곤란하지요. 가족인데 그냥 '대충'해도 되겠지, 봐주겠지, 아니라는 거지요. '격물'에서 '수신'에 이르는 내면의 과정(⇧)도 빈틈없이 챙겨야 하지만, '제가', '치국'으로 확장되면서(⇨) 더욱더 치밀해야 합니다. 이 정도에서 '제가'와 '치국'을 풀이한 전 9장을 마무리하겠습니다. 전 10장이 우릴 기다리고 있답니다.

전傳 10장

10-1 所謂平天下在治其國者, 上老老而民興孝,
소위평천하재치기국자 상노로이민흥효

上長長而民興弟,
상장장이민흥제

上恤孤而民不倍, 是以君子有絜矩之道也.
상휼고이민불배 시이군자유혈구지도야

10-2 所惡於上, 毋以使下 ; 所惡於下, 毋以事上 ;
소오어상 무이사하   소오어하 무이사상

所惡於前, 毋以先後 ; 所惡於後, 毋以從前 ;
소오어전 무이선후   소오어후 무이종전

所惡於右, 毋以交於左 ; 所惡於左, 毋以交於右,
소오어우 무이교어좌   소오어좌 무이교어우

此之謂絜矩之道.
차지위혈구지도

10-3 詩云 "樂只君子, 民之父母".
시운 낙지군자 민지부모

民之所好好之, 民之所惡惡之, 此之謂民之父母.
민지소호호지 민지소오오지 차지위민지부모

10-4 詩云 "節彼南山, 維石巖巖, 赫赫師尹, 民具爾瞻".
시운 절피남산 유석암암 혁혁사윤 민구이첨

有國者不可以不愼, 辟則爲天下僇矣.
유국자불가이불신 벽즉위천하륙의

10-5 詩云 "殷之未喪師, 克配上帝, 儀監于殷, 峻命不易".
시 운 은 지 미 상 사 극 배 상 제 의 감 우 은 준 명 불 이

道得衆則得國, 失衆則失國.
도 득 중 즉 득 국 실 중 즉 실 국

10-6 是故君子先愼乎德. 有德此有人, 有人此有土,
시 고 군 자 선 신 호 덕 유 덕 차 유 인 유 인 차 유 토

有土此有財, 有財此有用.
유 토 차 유 재 유 재 차 유 용

10-7 德者本也, 財者末也.
덕 자 본 야 재 자 말 야

10-8 外本內末, 爭民施奪.
외 본 내 말 쟁 민 시 탈

10-9 是故財聚則民散, 財散則民聚.
시 고 재 취 즉 민 산 재 산 즉 민 취

10-10 是故言悖而出者, 亦悖而入, 貨悖而入者, 亦悖而出.
시 고 언 패 이 출 자 역 패 이 입 화 패 이 입 자 역 패 이 출

10-11 康誥曰 "惟命不于常". 道善則得之, 不善則失之矣.
강 고 왈 유 명 불 우 상 도 선 즉 득 지 불 선 즉 실 지 의

10-12 楚書曰 "楚國無以爲寶, 惟善以爲寶".
초 서 왈 초 국 무 이 위 보 유 선 이 위 보

10-13 舅犯曰 "亡人無以爲寶, 仁親以爲寶".
구 범 왈 망 인 무 이 위 보 인 친 이 위 보

10-14 秦誓曰 "若有一个臣, 斷斷兮無他技,
진 서 왈 약 유 일 개 신 단 단 혜 무 타 기

其心休休焉其如有容焉. 人之有技, 若己有之;
기 심 휴 휴 언 기 여 유 용 언 인 지 유 기 약 기 유 지

人之彦聖, 其心好之. 不啻若自其口出, 寔能容之,
인 지 언 성 기 심 호 자 불 시 약 자 기 구 출 식 능 용 지

以能保我子孫黎民, 尙亦有利哉!
이 능 보 아 자 손 여 민 상 역 유 리 재

人之有技, 媚疾以惡之；人之彦聖, 而違之, 俾不通.
인 지 유 기 모 질 이 오 지   인 지 언 성 이 위 지 비 불 통

寔不能容, 以不能保我子孫黎民, 亦曰殆哉!"
식 불 능 용 이 불 능 보 아 자 손 여 민 역 왈 태 재

10-15 唯仁人放流之, 迸諸四夷, 不與同中國.
유 인 인 방 류 지 병 저 사 이 불 여 동 중 국

此謂唯仁人爲能愛人, 能惡人.
차 위 유 인 인 위 능 애 인 능 오 인

10-16 見賢而不能舉, 舉而不能先, 命也.
견 현 이 불 능 거 거 이 불 능 선 명 야

見不善而不能退, 退而不能遠, 過也.
견 불 선 이 불 능 퇴 퇴 이 불 능 원 과 야

10-17 好人之所惡, 惡人之所好, 是謂拂人之性,
호 인 지 소 오 오 인 지 소 호 시 위 불 인 지 성

菑必逮夫身.
재 필 체 부 신

10-18 是故君子有大道, 必忠信以得之, 驕泰以失之.
시 고 군 자 유 대 도 필 충 신 이 득 지 교 태 이 실 지

10-19 生財有大道, 生之者衆, 食之者寡,
생 재 유 대 도 생 지 자 중 식 지 자 과

爲之者疾, 用之者舒, 則財恒足矣.
위 지 자 질 용 지 자 서 즉 재 항 족 의

10-20 仁者以財發身, 不仁者以身發財.
인 자 이 재 발 신 불 인 자 이 신 발 재

10-21 未有上好仁, 而下不好義者也；未有好義,
미 유 상 호 인 이 하 불 호 의 자 야   미 유 호 의

其事不終者也；未有府庫財, 非其財者也.
기 사 부 종 자 야   미 유 부 고 재 비 기 재 자 야

10-22 孟獻子曰 "畜馬乘, 不察於雞豚；
맹 헌 자 왈 흑 마 승 불 찰 어 계 돈

伐冰之家, 不畜牛羊, 百乘之家, 不畜聚斂之臣.
벌 빙 지 가 불 휵 우 양 백 승 지 가 불 휵 취 렴 지 신

與其有聚斂之臣, 寧有盜臣."
여 기 유 취 렴 지 신 영 유 도 신

此謂國不以利爲利, 以義爲利也.
차 위 국 불 이 리 위 리 이 의 위 리 야

10-23 長國家而務財用者, 必自小人矣.
장 국 가 이 무 재 용 자 필 자 소 인 의

彼爲善之, 小人之使爲國家, 菑害並至. 雖有善者,
피 위 선 지 소 인 지 사 위 국 가 재 해 병 지 수 유 선 자

亦無如之何矣. 此謂國不以利爲利, 以義爲利也.
역 무 여 지 하 의 차 위 국 불 이 리 위 리 이 의 위 리 야

이른바 '평천하가 자기 나라를 잘 다스림에 있다'는 것은 윗사람이 자기 집안의 노인을 공경하면 백성들이 효를 일으키며, 윗사람이 자기 집안의 어른을 받들면 백성들이 공손함을 일으키며, 윗사람이 외로운 이들을 구휼하면 백성들이 배반하지 않나니, 그러므로 군자는 '혈구지도'가 있다.

윗사람에게서 싫었던 것으로 아랫사람을 부리지 말며, 아랫사람에게서 싫었던 것으로 윗사람을 섬기지 말며, 앞사람에게서 싫었던 것으로 뒤에 오는 사람에게 앞서 가며 그런 짓을 하지 말며, 뒷사람에게서 싫었던 것으로 앞에 가는 사람을 따라가지 말며, 오른쪽 사람에게서 싫었던 것으로 왼쪽 사람과 사귀지 말며, 왼쪽 사람에게서 싫었던 것으로 오른쪽 사람과 사귀지 말라. 이것을 혈구지도라고 한다.

『시경』의 시에서 말하였다. "즐거우신 군자여! 백성들의 부모로다."

백성들이 좋아하는 것을 좋아하고, 백성들이 싫어하는 것을 싫어하니, 이것을 백성들의 부모라고 하는 것이다.

『시경』의 시에서 말하였다. "우뚝 솟은 저 남산이여! 바위가 우뚝하게 쌓여 있도다. 위세 당당한 태사 윤씨여! 백성들이 모두 그대를 바라보노라."

국가를 맡은 자는 신중하지 않을 수 없으니 편벽되면 천하 사람들에게 죽임을 당할 것이다.

『시경』의 시에서 말하였다. "은나라가 백성의 마음을 잃지 않았을 때엔 능히 상제를 상대했었으니, 마땅히 은을 거울로 삼을지어다. 천명을 보존하기는 쉽지 않느니라."

백성을 얻으면 나라를 얻게 되고, 백성을 잃으면 나라를 잃게 됨을 말한 것이다.

그러므로 군자는 먼저 덕을 삼가야 하니, 덕이 있으면 이에 백성이 있고, 백성이 있으면 이에 땅을 소유하게 되고, 땅이 있으면 이에 재물을 소유하게 되고, 재물이 있으면 이에 쓰임이 있게 된다.

덕은 근본이요, 재물은 말단이다.

근본을 밖으로 하고 말단을 안으로 하면 백성들을 다투게 하여 빼앗는 것을 가르치게 된다.

그러므로 재물이 임금에게 모이면 백성이 흩어지고, 재물이 백성들에게 나누어지면 백성이 모이게 된다.

그러므로 말이 어긋나게 나간 것은 또한 어긋나게 들어오고, 재물이 어긋나게 들어온 것은 또한 어긋나게 나가게 된다.

「강고」에서 말하였다. "천명은 일정한 곳에만 있지 않다."

선하면 천명을 얻고, 선하지 않으면 잃게 됨을 말한 것이다.

『초서』에서 말하였다. "초나라에는 보배로 삼을 것이 없고, 오직 어진 이를 보배로 삼는다."

구범이 말하였다. "망명 중에 있는 사람은 보배로 삼을 것이 없고, 어버이를 사랑함을 보배로 삼는다."

『진서』에서 말하였다. "만약 어떤 한 신하가 꿋꿋이 성실하고 변함이 없어 다른 재능은 없으나 그 마음은 너그러워서 남을 포용할 도량이 있는 듯하고, 남이 가진 재능을 마치 자신이 가진 듯이 여기며, 남의 아름다움과 밝음을 진심으로 좋아함이 입으로 칭찬하는 정도에 그치는 것이 아니라면, 이는 남을 포용할 수 있는 이로서 능히 우리 자손과 백성을 보존할 수 있을 것이니, 또한 나라에 이로움이 있을 것이다. 남이 가진 재능을 시기하고 미워하며, 남의 아름다움과 밝음을 거슬러 통하지 못하게 하면 이 사람은 남을 포용할 수 없는 자라 우리 자손과 백성을 능히 보존할 수 없을 것이니, 또한 나라를 위태하게 할 것이다."

오직 어진 사람이라야 이런 사람을 추방하고 유배하여 사방 오랑캐의 땅으로 내쫓아 나라 안에 있는 사람들과 함께 살지 못하게 할 수 있다. 이를 두고 "오직 어진 사람만이 남을 사랑할 수 있고, 남을 미워할 수 있다"고 하는 것이다.

어진 인재를 보고서도 천거하지 않고, 등용하되 빨리 능력에 맞는 자리를 주지 않는 것은 태만함이요, 선하지 않은 자를 보고서도 능히 물리치지 않고, 물리치더라도 능히 멀리 내치지 않는 것은 잘못이다.

남들이 싫어하는 것을 좋아하고, 남들이 좋아하는 것을 싫어하는 것을 일러 '사람의 본성을 거역하는 것'이라고 하니 재앙이 반드시 그 몸에 미칠 것이다.

그러므로 다스리는 지위에 있는 군자에게는 대도가 있으니 반드시 성실함과 믿음으로써 그 도를 얻고, 교만과 방자함으로써 그 도를 잃는다.

재물을 생산함에 대도가 있으니 생산하는 자는 많고 조정에서 일하지 않고 먹는 자가 적으며, 일하는 자가 부지런하고 쓰는 자가 지출을 규모있게 하면 재물은 항상 풍족하게 된다.

어진 사람은 재물로써 자신을 일으키고, 어질지 못한 사람은 자신을 망쳐서 재물을 일으킨다.

윗사람이 인을 좋아하는데 아랫사람이 의를 좋아하지 않는 경우는 있지 않다. 아랫사람들이 의를 좋아하는데도 윗사람이 하려는 일이 마무리되지 않은 경우는 있지 않으며, 나라 창고에 있는 재물이 윗사람의 재물이 아닌 적이 있지 않았다.

맹헌자가 말하였다. "수레를 끄는 네 마리 말을 기르는 대부는 닭과 돼지 기르는 일을 살피지 않고, 얼음을 채벌해서 쓰는 경대부는 소와 양을 기르지 아니한다. 전차 백 대를 낼 만한 땅을 가진 대부는 가렴주구하는 가신을 두지 않는다. 가렴주구하는 가신을 두기보다는 차라리 도둑질하는 가신을 두는 것이 더 낫다."

이것을 일러 '나라는 이익으로써 이로움을 삼지 않고, 의리로써 이로움을 삼는다'고 하는 것이다.

국가의 우두머리가 되어 백성의 재물을 모으는 데만 힘쓰는 것은 반드시 소인들 때문이다. 군주가 소인들이 잘한다고 하여 소인으로 하여금 국가를 다스리게 하면 천재와 인재가 함께 이르게 된다. 비록 선한 사람이 있더라도 또한 어찌 할 수 없게 된다.

이것을 '나라는 이익으로써 이로움을 삼지 않고, 의리로써 이로움을 삼는다'고 하는 것이다.

마지막으로 '평천하'(平天下)를 풀이한 전 10장인데, 분량이 정말로 많군요. 한 번에 다 읽고 나니 숨이 턱 막히네요. 1장부터 9장까지 합친 것만큼 되지요. 주자 선생님 너무하세요. 전을 열 개로 나누시면서 어느 것은 너무 간략하게, 어느 것은 너무 장황하게 배분하셨네요. 마지막 10장을 읽어 내려면, 약간의 휴식이 필요하답니다. 크게 한번 심호흡하고 『대학』 마지막 전 10장을 풀어 볼까요?

10-1 소위평천하所謂平天下가 **재치기국자**在治其國者는 **상노로이민흥효**上老老而民興孝하며 **상장장이민흥제**上長長而民興弟하며 **상휼고이민불배**上恤孤而民不倍하나니 **시이**是以로 **군자유혈구지도야**君子有絜矩之道也니라.

경문 1–4에는 "고지욕명명덕어천하자, 선치기국"(古之欲明明德於天下者, 先治其國)이라고 되어 있지요. '천하에 명덕을 밝힌다'는 구절에서 엄청 감명받는다는 말씀은 이미 드렸고요. 여기서는 '천하를 안정시키는 것은 그 나라를 다스림에 있다'로 바뀌었네요. 이렇게 경문의 구절이 전에 오면 약간씩 변형되지요. 무엇보다도 '혈구지도'라는 낯선 단어가 눈에 확 들어오는군요. 그 뜻을 한마디로 말하면 9–4에 나온 '서'(恕)인데, '사서'(四書) 중에 『대학』에만 나오는 유명한 단어랍니다. 자, 보니까 상(上)이 이리이리하면 백성[民]이 그것을 따라서 이리이리한다는 구문이 세 번 반복되는군요. 군자의 위의와 언행을 따라 백성이 본받고 교화된다는 것은 '제가'와 '치국'을 푸는 9장에서 나왔지요. 10장은 '평천하'를 푸는데, '치국'이 본(本)이 되고 '평천하'가 말(末)이 되니까 '치국'부터 시작하는구나, 이렇게 생각하시면 됩니다.

'노로', '장장', '휼고'에서 앞의 단어가 동사입니다. '노로'는 '나의 부모를 공경하는 것'(老吾老)이지요. 이럴 때 동사 '노'(老)는 '공경할 경'(敬)으로 보시면 됩니다. '장장'은 어른을 어른 대접하는 것이지요. 동사 '장'(長)은 '공경할 제'(悌)입니다. '휼고'는 고아와 같은 외로운 사람을 구휼(救恤), 도와주는 것이지요. '구휼할 휼'(恤)은 진심으로 가슴 아파하고 실질적인 도움을 주는 겁니다. 무엇보다 먼저 딱한 처지의 '환과고독'(鰥寡孤獨)을 배려하는 것이 정치의 시작이지요. 맹자가 제환공, 진문공의 패도(霸道)를 묻는 제선왕(齊宣王: 기원전 319 ~기원전 301 재위)에게 공문(孔門)은 그런 건 모른다! 굳이 말하라고 하면 왕도(王道)를 말하겠다, 하면서 꺼내는 말의 핵심이 바로 이것이었죠. "나의 노인을 공경하여 남의 노인에까지 미치고, 나의 어린애를 사랑하여 남의 어린애에게까지 미치면 천하를 손바닥 위에 놓고 다스릴 수 있다."(老吾老노오로, 以及人之老이급인지로, 幼吾幼유오유, 以及人之幼이급인지유, 天下可運於掌천하가운어장. 「양혜왕」상) 어떠신가요? 이렇게 하면 천하를 손바닥 위에 놓고 운영할 수 있다니! 이것이 맹자의 왕도정치, 인정(仁政)이랍니다. 『대학』의 '평천하'이지요.

전 9장에서 '효', '제', '자'로 하는 '치국'을 말했는데, 10장에 오니까 '효', '장', '휼'이 되었군요. 그 대상이 확장되었지요. 위에 있는 사람이 '효'를 하면 백성들 사이에서 효를 행하는 분위기가 일어나겠지요. '흥효'입니다. '일어날 흥'(興)은 '감발하는 바가 있어 흥기하는 것'(有所感發而興起也유소감발이흥기야)이지요. 「중니제자열전」을 보면 증자가 『효경』을 지었다고 나와요. 현재 『금문효경』, 『고문효경』 두 종이 전하는데, 공자와 증자가 '효'에 관해 문답한 내용으로 되어 있지요. 읽어 보고 싶으시다고요? 네, 조만간 『효경』 강좌를 개설하겠습니다.^^

　『효경』을 보면 "효는 덕의 근본이고 교가 말미암아 생기는 것이다"(夫孝부효, 德之本也덕지본야, 敎之所由生也교지소유생야)라는 공자의 말이 있지요. '제가', '치국', '평천하'를 '효'로 풀어 가는 이유가 바로 나의 '덕', '수신'의 내공이 집안의 '효'로 드러나기 때문이지요. '효'는 '덕'의 근본이니까요. 거기서 집안의 '교', 나라의 '교', 천하의 '교'가 시작됩니다. 『대학』과 『효경』이 나와 세계의 관계를 설명하는 방식이지요. 『효경』 이야기가 나왔으니, '천자'의 효를 말한 부분을 읽고 넘어갈까요?

　　공자께서 말씀하셨다. "부모를 사랑하는 사람은 감히 다른 사람을 미워하지 못하고, 부모를 공경하는 사람은 감히 다른 사람을 업신여기지 못한다. 사랑과 공경을 부모님 섬김에 다한다면 덕교가 백성에게 행해져 천하의 모범이 될 것이다. 이것이 천자의 효이다.

　　子曰자왈: "愛親者애친자, 不敢惡於人불감오어인, 敬親者경친자, 不敢

慢於人불감만어인, 愛敬애경, 盡於事親진어사친, 而德教加於百姓이덕교가어백성, 刑于四海형우사해, 蓋天子之孝개천자지효.”(『효경』, 「천자장」天子章)

와우! 『대학』인지 『효경』인지 모르시겠다구요? 네, 상통하는 부분이 많지요. 천자가 자신의 부모에게 '애경'을 다하는 마음을 그대로 백성에게 넓히면, 그것이 천하를 안정시키는 길이라고 합니다. '평천하'이지요.

다시 『대학』을 볼까요? 9장의 '일인'(一人)이, 군주가 여기서는 '상'(上)으로 나왔네요. 윗사람이 '장장'(長長)을 행하면 백성들 사이에서 연장자를 공경하는 분위기가 형성되겠지요. '흥제'(興弟)이지요. '노'도 '장'도 '흥', 전파력이 핵심이지요. 백성들이 감발하여 이런 분위기가 만들어지는 것, '신민'의 과정이지요. 하소연할 데 없는 외로운 사람들을 구휼하면 백성들이 배반하지 않는다고 하네요. 한 배, 두 배 할 때 쓰는 '갑절 배'(倍)는 여기서는 '배반할 배'(背)의 뜻입니다. 군주가 자애(慈愛)의 인정(仁政)을 펼치면 백성들도 군주의 마음을 저버리지 않고 진심으로 복종할 거라는 것이지요. 군주는 무소불위의 권력을 행사하지만, 속으로는 항상 민심을 걱정하고 두려워할 수밖에 없답니다. 민심이 이동하면 결국 천명(天命)이 바뀌잖아요. 왕조가 교체되지요. 겁나지요.

노인, 어린애를 어떻게 대하는가가 그 나라의 정치, 문화 수준이 아니겠어요. 『대학』에서는 나랏일을 맡은 사람[上]이 얼마나 진심으로 효(孝), 제(弟), 자(慈)를 행하느냐에 따라 '치국'과 '평천하'의 수준이 달려 있다고 봅니다. '국인'의 교화가 군주의 '덕' — '효', '제', '자'에 의해 만들어진다는 건데, 이견이 있을 수 있지요. 군주 집안은 군주 집안이고, 내 집안은 내 집안이다, 집집마다 구성원이 다르고 성향도 다른데, 이 무슨! 그렇지요. 집집마다 사정이 다르고 나라마다 문화가 다르지요. 하지만 여기서는 이렇게 설명한답니다. 어느 집안이든 어느 나라이든 노인, 어른, 어린애는 있기 마련이다. 그렇다면 나의 부모, 자식에 대한 사랑을 타자에게 확장하는 인의 실천인 '서'(恕), '추기급인'을 행해야 한다. '知'와 '行'을 '推行'으로 확장시켜야 한다. 그러면 '치국', '평천하'는 가능하다. 이것이 『대학』에서 사적인 '나'의 '수신'과 공적인 '나'의 실천을 본말의 관계로 보는 이유입니다. 분리될 수가 없다는 거지요. 유가에서는 사람이라면 누구나 인애의 선한 마음을 가지고 있다고 전제하지요. 그렇지 않다면? 네, 금수지요.

주자는 위에 있는 사람이 '노', '장', '휼'의 도리를 행하면 아랫사람들이 본받아 감발하는 것이 그림자, 메아리보다 빠르다(上行下效상행하효, 捷於影響첩어영향)고 하네요. 『논어』에 군주는 바람[風]이고 백성은 풀[草]이라는 비유가 나오지요. 바람이 불면 풀은 눕기 마련이고요. 9-4에서 요순의 정치인가, 걸주의 정치인가에 따라 백성들이 달라진다고 했어요. 그렇지요. 우리 모두는 시대의 영향을 받습니다.

그럼, '평천하'의 출발점이자 핵심은 무엇인가? 군자의 '혈구지도'입니다. 앞에서 '혈구지도'를 '서'(恕)라고 했지요? '헤아릴 혈'(絜), '곱자 구'(矩)인데 '구'는 네모난 것을 그리는 도구이지요. 원을 그리는 도구를 '규'(規)라 하고 방형을 그리는 도구를 '구'(矩)라고 한답니다. 건축학과 학생들이 들고 다니는 컴퍼스와 티(T)자를 생각하시면 됩니다. 여기서 '구'는 사람이면 누구나 가지고 태어난 '마음'입니다. 사람은 서로 통하는 공감능력을 가지고 있다는 거지요. 군자는 마땅히 '마음의 같은 바'[其所同]로 인하여 다른 사람의 마음을 헤아릴 수 있지요. 나와 생각이 같고, 하고 싶은 일이 같다는 것을 알지요. 이것을 '혈구의 도'라고 하는 겁니다. 여기서 '구'는 맹자가 말한 인의예지의 사단(四端), 양심(良心)으로 보셔도 됩니다. 사람이면 누구나 이런 선한 마음[善心]을 가지고 있어요. 나의 선한 마음으로 다른 사람의 마음을 헤아리며[絜] 같이 살아가는 것이 '인간의 길'이지요. '인'(仁)의 확장, '서'(恕)이지요. 아직도 '혈구'가 애매하시다고요? 네, 다음 문장을 보시면 됩니다.

10-2 소오어상所惡於上으로 **무이사하**毋以使下하며 **소오어하**所惡於下로 **무이사상**毋以事上하며 **소오어전**所惡於前으로 **무이선후**毋以先後하며 **소오어후**所惡於後로 **무이종전**毋以從前하며 **소오어우**所惡於右로 **무이교어좌**毋以交於左하며 **소오어좌**所惡於左로 **무이교어우**毋以交於右가 **차지위혈구지도**此之謂絜矩之道니라.

친절하게 예를 들어 가며 '혈구지도'를 풀어 주는군요. 우리는 흔히 내 마음도 모르는데 어찌 네 마음을 알겠느냐, 하지요. 그런 분들을 위하여 상하, 전후, 좌우로 무려 여섯 번을 반복해서 '혈구'의 방법을 말해 준답니다. 윗사람이 나에게 무례하게 대하면, 참으로 괴롭지요. 그럼 우린 어떻게 해야 하나요? 나는 아랫사람의 마음을 헤아려 무례하게 대하지 않아야겠지요. 똑같이 하면 내가 진저리치는 그 윗사람과 똑같은 사람 되는 거지요. 이것이 뭐냐고요? '혈구'입니다. 상대방도 나와 '같은 마음'이라는 것을 헤아리는 거지요. 네, 내가 원하지 않는 것을 다른 사람에게 행하지 말라!, '기소불욕 물시어인'(其所不欲 勿施於人『논어』「안연」)──'인'의 실천입니다.

아랫사람이 성실하지 않은 것이 마음에 걸리신다고요. 바로 그 마음으로 내 상관의 마음을 헤아려 내가 그 분을 성실히 대하면 되겠네요. 전과 후는 앞서 가고, 뒤따라 오는 대등한 사람인데 선배와 후배 관계라고 보셔도 됩니다. 오른쪽 사람과 왼쪽 사람도 그렇지요. 선배, 오른쪽 사람이 나를 대하는 것이 무례하고 무성의해서 싫었다면 나는 후배, 왼쪽 사람을 그렇게 대하지 않아야 합니다. 주자는 세상 사람들이 이런 생각, 이런 방식으로 살아간다면 그 효과가 천하에 파급될 것이라고 확신했답니다. 사람 마음은 그 대면에 '같은 바'[其所同], 같은 지향이 있다는 것에서 주자 철학은 출발하지요. 그래서 '혈구지도'를 '평천하'의 요도(要道), 핵심으로 보지요. '혈구지도'로 다른 사람을 헤아려 간다면[度物] 나와 상대가 각각[吾] 분수에 적합한 삶, 원하는 것을 얻게 되겠지요.

'분원'(分願)이란 단어가 거슬리실 텐데, 전근대 신분제 사회의 용어지요. 신분에 따라 분수(分數)가 다르고, 각자 원하고 이루고자 하는 일도 다른 것이 당연하다고 생각했지요. 신분제 사회는 같은 것[同]을 다른 것[分] 안에서 조화시키려 한답니다. 여기서 '같은 바'는 '효', '제', '자'의 도리를 행하는 사람의 마음입니다. 나부터 행한다면 천하의 사람들도 따라서 이런 이치대로 살기를 원한다는 거지요. 물론 이런 단계로 가기 위해서는 백성들의 '항산'(恒産), 안정된 살림살이가 필수지요. 그래서 전 10장에는 재물, 국가 재정에 대한 언급이 여러 번 나옵니다. 한마디로 전 10장은 '재'(財)와 '정'(政)의 관계를 말하고 있다고 보셔도 될 정도랍니다.

이렇게 사회구성원이 각각 그 '분원'을 얻게 되면 상하와 사방이 고르게 가지런해지고 방정하여[均齊方正] 천하가 태평해질 것이다. 주자의 이 주석에서 '평천하'가 무엇인가가 나옵니다. '균제'와 '방정'이지요. '균제'는 경제정책, '방정'은 교육문화 정책으로 보셔도 좋습니다. 백성들의 먹고사는 것이 어느 정도 엇비슷하게 고른 것이 '평천하'이지요. 사람들의 언행이 '방정', 반듯하여 사회적 갈등이 해소되는 것이 '평천하'입니다. 있지도 않은 일을 꾸며서 하는 '청송'이 줄겠지요. 주자는 10장 전체를 '혈구', '균제', '방정'으로 풀어 나갑니다.

10-3 시운詩云 **낙지군자**樂只君子여 **민지부모**民之父母라 하니 **민지소호**民之所好를 **호지**好之하며 **민지소오**民之所惡를 **오지**惡之하니 **차지위민지부모**此之謂民之父母니라.

인용 시는 『시경』「남산유대」(南山有臺)에 나오는 구절인데요, '어조사 지'(只)는 해석하지 않습니다. 시에 나오는 군자는 제후(諸侯)인데요, 군자가 어떻게 백성의 부모가 된다는 건가요? 사극에서 늙은 신하가 '임금은 백성의 부모이시니~'라고 엎드려 고하면 엄청 짜증나지요. 뭔 소린가요? '혈구지도'로 민심을 헤아려야 한다는 거지요. 중간 단계가 빠진 채 임금은 백성의 부모라고만 하니, 설득력이 없지요. "백성 사랑하기를 자식 사랑하듯이 하면 백성들이 군주를 사랑하기를 부모를 사랑하듯이 한다"(愛民如子, 而民愛之如父母矣)에서 '애민여자'는 '자'(慈)의 확장이지요. 중요한 것은 윗사람이 먼저 해야 한다는 겁니다. 군주가 먼저 '혈구지도'를 행해야만 백성들도 그를 부모처럼 사랑할 것이라니, 여기서도 선과 후, 본과 말이 분명하지요. 군자, 군주… 모두 집안과 나라의 어른들이 솔선해야 하지요. 그럼 부모와 자식은 어떤 사이인가? 호오(好惡), 좋아하고 싫어하는 것을 같이하는 사이이지요. 식성도 취향도 같지요. 그냥 마음으로 서로 통합니다. 여기서는 이것을 확장하여 군주가 백성들과 좋아하고 싫어하는 것을 같이해야만 백성의 부모가 될 수 있다고 합니다. 어렵지요. 이 정도로 마음이 통하기가 어디 쉬운가요? 요새는 부모, 형제 사이에도 소통이 어려운데. 아무튼 『대학』에서는 군주가 백성들이 좋아하는 것을 행하고 백성들이 싫어하는 것을 행하지 않아요. 그래야 부모 자격이 있다고 봅니다. 이런 공감대가 없다면 군주는 설 자리가 없어지지요.

10-4 시운詩云 **절피남산**節彼南山이여 **유석암암**維石巖巖이로다 **혁혁사윤**赫赫師尹이여 **민구이첨**民具爾瞻이라 하니 **유국자**有國者는 **불가이불신**不可以不愼이니 **벽즉위천하륙의**辟則爲天下僇矣니라.

『시경』「절피남산」(節彼南山)에서 맨 앞의 네 구를 가져왔군요. '마디 절'(節)은 여기서는 산이 깎아지른 듯 높은 모양입니다. '바위 암'(巖)을 겹쳐 써서 산의 바위들이 험준하게 우뚝 쌓여 있는 것을 표현했군요. 깎아지른 듯이 높은 남산에 바윗돌이 첩첩이 쌓여 있다고 하고는 위세 당당한 사윤을 백성들이 모두 올려다본다고 하네요.「절피남산」은 주(周)의 태사(太師) 윤씨가 정사(政事)를 제대로 행하지 못하는 것을 풍자한 시랍니다. '갖출 구'(具)는 '함께 구'(俱)와 통용되는 경우가 많아요. '너 이'(爾)는 '사윤'을 말하고 '볼 첨'(瞻)은 고개를 들고 올려다보는 겁니다. 사윤이 높은 자리에 있으니 백성들이 모두 그의 언행을 쳐다보고 있겠지요. '신중'해야 하지요.

증자는 이 시를 어떻게 푸나요? 만약 나라를 소유한 자가 '혈구'를 하지 않고 '호오'를 자기 멋대로 한다면? '辟'은 여기서는 '치우칠 벽'(僻), '편벽될 편'(偏)의 뜻으로 음은 '벽'인데요, '수신'과 '제가'를 푸는 전 8장에도 나왔지요. 여기서는 높은 자리의 인물이 백성과 '호오'를 같이하지 않고 멋대로 행동하는 것이지요. 폭군의 길이지요. 이렇게 언행을 신중하게 하지 않은 최종 결과는? 주자는 '신시국망' (身弑國亡)이라고 딱 잘라 말하네요. 자신은 시해당하고 다스리던 나라는 망한다고. 이것이 천하에서 주륙을 당하는 것입니다. '죽일 륙' (僇)을 주륙(誅戮)이라 했는데, 자신의 죄로 죽임을 당하는 것이지요. 10-3에서는 백성의 부모가 된다고 하고 여기서는 죽임을 당한다고 하니 극과 극이네요. 어디에서 갈라졌나요? 네, 군주가 '혈구'를 했는가, 편벽되게 제멋대로 했는가, 이것이죠.

간단하군요. 군주가 '혈구'를 하면 백성의 부모가 되고, 못하면 죽임을 당한다. 문제는 군주 일인의 죽음에 그치지 않는 거지요. 나라도 망하게 되니 백성들의 고통이 얼마나 크겠어요? 테러블! 끔찍한 재앙이지요.

10-5 시운詩云 은지미상사殷之未喪師엔 극배상제克配上帝러니 의감우은儀監于殷이어다 준명불이峻命不易라 하니 도득중즉득국道得衆則得國하고 실중즉실국失衆則失國이니라.

이번에는 '대아'「문왕」(文王)에서 네 구절을 가져왔군요. 주공이 아버지 문왕의 덕을 추술(追述)하여 조카인 성왕(成王)을 경계시킨 작품이라고 하지요. 전 2장의 "주수구방, 기명유신"(周雖舊邦, 其命維新), 전 3장의 "목목문왕, 오즙희경지"(穆穆文王, 於緝熙敬止)가 나오는 시이기도 하지요. 『대학』에서 최다 출연하는 작품입니다.

시 내용을 먼저 볼까요? '성할 은'(殷)은 주 무왕이 멸망시킨 나라 이름이지요. '스승 사'(師)는 여기서는 '무리'[衆], 백성입니다. '상사'는 민심을 잃은 것입니다. '짝 배'(配)는 '짝 대'(對)로 은의 마지막 군주 주(紂)가 민심을 잃지 않았을 때는 능히 상제와 짝이 되어 상대했다는 거지요. 제사를 주관했다는 거지요. 천명이 그에게 있었으니까요. '儀'는 원시에는 '마땅할 의'(宜)자로 되어 있답니다. 여기서도 '마땅히 은나라를 거울로 삼아라'로 풀게요. '監'은 '본다'[視]인데 '거울 감'(鑑)의 뜻으로 왜 주(紂)가 나라를 잃고 죽게 되었는지 유심히 살펴보라는 것이지요. '높을 준'(峻)은 '클 대'(大)의 뜻으로 '준명'은 '천명'이고 '불이'(不易)는 천명을 보전하기 쉽지 않다, 어렵다는 겁니다. 『사기』「주본기」를 보면 무왕과 강태공의 군대가 쳐들어가자 폭군 주의 학정에 지친 은의 병사들이 도과(倒戈), 창을 거꾸로 들고 길을 열어주었다고 합니다. 은의 백성들은 음료수와 먹을 것을 들고 나와 무왕의 군대를 해방군으로 여기고 환영했다고 하지요. 이러면 내 나라 안의 백성이 나의 백성이 아닌 것이지요. "백성을 경계 짓기를 국경선으로 하지 말라"(域民역민, 不以封疆之界불이봉강지계. 『맹자』「공손추」하)는 맹자의 언급이 실감나지요.

주자는 이 시를 인용하여 10-3, 10-4의 뜻을 마무리했다고 보았는데요, 결국 무엇을 말한 것[道]인가? '혈구'하여 백성과 마음이 통하면 나라를 얻고, 그 반대의 경우에는 죽임을 당하고 나라도 잃는다는 것이죠. '혈구지도', '서'(恕)가 '치국', '평천하'의 출발이군요. 결국 군주의 '수신'이 정치의 성패를 결정합니다. 군주는 백성과 좋아함과 싫어함을 같이하는, 공감 능력이 있어야만 천명을 지킬 수 있다. 자신과 조상에게 물려받은 나라도 지킬 수 있다. 이렇게 정리가 되는군요, 간단히.

10-6 시고是故**로 군자**君子**는 선신호덕**先愼乎德**이니 유덕**有德**이면 차유인** 此有人**이요 유인**有人**이면 차유토**此有土**요 유토**有土**면 차유재**此有財**요 유재** 有財**면 차유용**此有用**이니라.**

    나라를 얻고 잃는 것이 민심에 달려 있는 것은 확실하지요. '혈구'(絜矩)가 요점인데, '혈구지도'는 어디에서부터? 네, 먼저 해야 할 것이 '신덕'(愼德)이군요. '성의'(誠意)를 풀었던 전 6장에서는 '신독'(愼獨)을 말했지요. 여기서는 '신덕'이군요. 이미 10-4에서 나라를 다스리는 사람은 '삼가지 않을 수 없다'(不可以不愼)고 했는데요, 삼갈 것은 바로 자신의 '덕'입니다. '덕'은 바로 '명덕'(明德)이고요. '삼갈 신'(愼)을 삼강령 '명명덕'의 '명'(明)으로 보시면 됩니다. '신덕', '명명덕', '수신', 이런 식으로 표현만 달라진 거지요. '명명덕'의 과정은 '혈구', '서', 인의 확장 과정이기도 하지요. 군자가 덕을 쌓게 되면 '차유인', 사람이 있다는 것은 백성을 얻는 것[得衆]이지요.

    '이 차'(此)자가 반복해서 나오네요. 여기서는 연결사 '이에 내'(乃), '이 사'(斯)로 보시면 됩니다. 군자가 덕이 있으면 이에 백성이 모이게 된다, 이렇게요. '유토', 땅이 있다는 것은 나라를 얻는 것

[得國]이니 덕을 닦아 혈구의 도를 행하면 백성의 마음을 얻게 되고 그 결과 자연히 나라도 소유하게 된다는 겁니다. 그럼 재물과 쓰임은 자연히 따라오겠지요? 나라가 있는데, 재용이 떨어질까 걱정할 필요는 없지요. 본말, 선후의 순서를 정리해 볼까요? '덕'(德)→'인'(人)→'토'(土)→'재'(財)→'용'(用)이 되는군요. '수신'의 실천, '효', '제', '자'의 파급력이 대단하지요.

어떻게 이런 과정이 가능한가, 의심이 들 수도 있겠네요. 21세기 패권·금권의 시대를 살다 보니 '수신'의 무한파워가 믿기지 않지요. 하지만 천하의 민심은 덕이 있는 사람에게 쏠리기 마련입니다. 자연의 이치가 그렇지요. 민심을 얻으면, '막비왕토'(莫非王土), 왕의 땅 아닌 곳이 없게 되겠지요. 땅과 땅을 일구는 백성이 있으면 세금을 걷어 재물(財物)이 생깁니다. 예나 지금이나 '나라'는 영토와 그 땅에 사는 사람들이 기본 구성이지요. 나라의 크기는 영토와 인구수로 계산하고요. 그럼, 군주의 통치는 무엇인가요? 세금으로 거둬들인 재화를 적재적소에 흩어 쓰는 것[用]이지요. 군주가 '신덕'(愼德), '명명덕'에 힘쓰면 재물이 풍부해지고 나라의 쓰임이 넉넉해지는 데까지 이르는군요. 군주들은 항상 돈이 부족하다면서 세금을 더 걷으려 하지만요.

예를 하나 들까요? 노애공(魯哀公)이 공자의 제자 유약에게 묻습니다. "흉년이 들어 나라 재정이 부족하니 어찌 해야 하느냐?"고요. 세금을 더 걷을 방법을 물은 것이지요. 유약은 백성을 풍족하게 해주라고 합니다. "백성이 풍족하면 군주가 누구와 더불어 부족할 것이며, 백성이 부족하면 군주가 누구와 더불어 풍족하겠습니까?"(『논어』「안연」) 그렇지요, 하지만 애공이 원하는 답은 아니었지요. 그래서인가요? 유약이 고위직에 올랐다는 말은 없네요. 여기를 보니 군주는 돈 부족이 아니라 덕 부족을 걱정해야 하는군요.

10-7 덕자德者는 본야本也요 재자財者는 말야末也라.

군주의 '덕'과 국가의 '재화', '경제'의 관계를 깔끔하게 정리했군요. '덕본재말'! '덕'은 '평천하'의 근본[本]이지요. 맹자가 양혜왕을 만났을 때가 생각나네요. 양혜왕이 단도직입적으로 물어요. "불원천리(不遠千里)하고 와 주셨으니 나라를 이롭게[利] 해줄 수 있겠나"고요. 양혜왕이 물은 '리'는 부국강병의 방책이지요. '재'(財)이기도 합니다. 국부(國富)를 군사력 증대에 쏟아붓고 있었으니까요. 맹자는 망설임없이 말하지요. '하필왈리?'(何必曰利), "어찌 이로움을 말씀하십니까? 인(仁)과 의(義)가 있을 뿐"이라고. 그 다음 맹자의 의리지변(義利之辨)이 도도하게 펼쳐지지요. 왜 백성이 부족하고 땅이 넓지 않아서 '왕도정치'를 할 수 없다고 하는가? 이미 백성도 넉넉하고 땅도 넓다. 인정(仁政)을 하고자 하는 군주의 의지가 없을 뿐이다. 물론 맹자가 만난 양혜왕, 제선왕은 '혈구지도'를 갖춘 인물이 못 되었지요. '덕본재말'의 이치를 알 만큼 '수신'이 된 사람들이 아니에요. 오직 힘, 힘 하면서 패권만을 좇다가 좋은 기회를 놓치고 그냥 그렇게~

당연히 맹자의 유세는 실패로 끝났지요.

10-8 외본내말外本內末이면 쟁민시탈爭民施奪이니라.

'덕본재말'! 덕이 근본이고 재용이 말단인데, '외본내말' 한다면? 군주가 근본인 덕을 외면하고 말단인 재물을 중요시한다면? '외'는 하찮은 것으로 여겨 도외시하는 것이고, '내'는 중요하게 여겨 마음을 그곳에 두는 것이지요. 군주가 돈, 돈 하는 겁니다. 이렇게 정치를 하면 '쟁민', 백성들 사이에 서로 다투는 습속(習俗)이 생기겠지요. 무자비한 경쟁이 펼쳐지지요. 그 결과는 '시탈'이지요. 백성들에게 서로 뺏고 빼앗기는 생존법을 가르쳐 '쟁탈'(爭奪)이 일상이 됩니다. 무자비한 경쟁과 겁탈(劫奪), 폭력의 시대가 되는 거지요. 군주의 탐욕, 전횡으로 잔인한 시대가 열린다고 하네요. 무섭지요. 그런데 '쟁민시탈'을 번역하기는 쉽지 않아요. '민을 다투게 하여 탈하는 것을 베푼다'고 하면 뭔 말인지… 고민 끝에 '백성들을 다투게 하여 빼앗는 것을 가르치게 된다'고 풀었습니다. '백성을 다투게 하여 겁탈하는 도를 베풀게 된다'고 하셔도 좋습니다. 위협하여 폭력을 써서 빼앗는 것이 '겁탈'인데 요새 쓰이는 용례 때문에 번역문에 넣기가 망설여졌답니다.

'외본내말'은 이 세상의 모든 어리석은 군주들이 하는 짓이지요. 왜 '본말전도'(本末顚倒)에 빠지는가? '평천하'의 근본이 되는 자신의 덕을 닦는 것이 '치국'·'평천하'의 근본이 된다는 것을 모르니까요. 설사 알게 되더라도 노력하지 않지요. 군주 노릇을 건달처럼 해요. 『조선왕조실록』을 보면 성의를 다해 공부했던 군주는 별로 없답니다. 신하들의 강권에 못 이겨 눈치껏 했지요. 세종, 정조와 같은 '호학'(好學) 군주는 더더욱 드물어요. 『대학』「어제서」를 쓴 영조도 기억할 만한 유능한 군주였지요. 사극에서는 권모술수에 능한 음모가로 나오지만요. 유감입니다.

대부분의 군주는 탐욕에 꽉 차서 오로지 백성에게 더 많은 재물을 빼앗아 올 궁리만 하지요. 생각해 보면 참으로 어이가 없어요. 군주가 쓰는 모든 재화는 쌀 한 톨까지도 백성들이 뼈 빠지게 일해서 내는 세금이잖아요? 군주가 직접 땅 갈고 벌 치지는 않지요. 자신이 먹고 쓰는 모든 재화가 백성에게서 나오는데, 탐욕을 부리다니. 위에 있는 군주가 탐욕을 채우려고 불법을 자행하면 백성들도 따라서 서로 빼앗고 싸우기 마련입니다. 맹자는 '윗사람과 아랫사람이 서로 이익을 챙기면 나라는 위태로워진다'(上下交征利而國危矣상하교정리이국위의 「양혜왕」상)고 했지요. 인의를 버리고 돈, 돈 하다 보면 나라가 무너진다는 겁니다. 무지비한, 잔인한 사회가 되고 말지요. 지금 우리가 사는 세상처럼.

주자는 재물은 누구나 원하는 것[同欲]이기 때문에 군주의 '혈구지도'가 더욱 중요하다고 합니다. 군주가 백성들의 물욕을 헤아려 적절하게 조절해야 하는 거지요. 그런데 도리어 자신이 앞장서서 독점, 전횡을 일삼으니 세상은 생지옥이 될 수밖에요. 걸주(桀紂)의 세상에서는 모든 백성들이 쟁투(爭鬪), 쟁탈(爭奪)을 일삼게 되지요. 주자가 쓰는 '겁탈지교'(劫奪之敎)는 이런 뜻이지요. '위협할 겁'(劫), '빼앗을 탈'(奪), 군주가 백성들에게 경쟁 심리를 조장하여 위협하고 빼앗는 것을 가르친다는 것인데, 부도덕한 군주의 행태가 백성을 이 지경으로 만든다는 거지요. 아비규환, 무간지옥이 따로 없지요. 이러면 '평천하'는 요원한 꿈이 되고 말지요. 지금 우리는 이런 세상에 익숙해져서 '평천하', 전쟁 없는 세상은 불가능하다고 여겨요. 지금 이 순간도 지구 곳곳에서 전쟁 중이니까요. 아휴, 한숨이 저절로 나오네요. 무자비한 폭력의 시대에 살고 있네요. 쟁투와 겁탈만 가득한.

10-9 시고是故로 **재취즉민산**財聚則民散하고 **재산즉민취**財散則民聚니라.

『대학』 전 10장 '평천하'에서는 군주와 백성의 관계를 '재물'로 풀지요. 평천하의 두 축이 '균제'(均齊)와 '방정'(方正)이니까요. 경제 민주화가 연상되신다고요? 높으면 낮추고, 쌓이면 나눠 주라는 것은 『노자』의 주제 중의 하나지요. 자연의 이치는 '쏠림'을 꺼려하니까요. 『노자』는 다음에….

군주가 덕을 도외시하고 말단인 재물을 좋아하는 낌새라도 보이면 그 밑의 관원들은 알아서 충성 경쟁을 하겠지요. 세금을 무리하게 걷어서 궁궐 창고를 가득 채울 겁니다. 하지만 백성들은 '도탄'(塗炭)에 빠져 뿔뿔이 흩어지지요. 살던 곳을 떠나 부모 형제가 이산(離散)하게 되지요. 맹자는 "칼과 정치로 사람을 죽이는 것에 차이가 없다"

고 했어요. 군주의 욕심과 학정으로 '부모가 얼고 굶주리고 형제, 처자가 이산한다면'(父母凍餓부모동아, 兄弟妻子離散형제처자이산 「양혜왕」상), 그것이 정치로 사람을 죽이는 것이 아니겠어요?

반대로 군주가 덕을 삼가 행하고[愼德], '수신'에 힘써 재물을 흩어 백성에게 나눠 주면 그 효과는 기대 이상이지요. 백성은 덕이 있는 지도자에게 귀의한다, 유가 정치론의 대전제이지요. '인자무적'(仁者無敵)! 어느 나라의 어느 군주가 '인정'(仁政)을 행하면 그 소문은 빛의 속도로 퍼지지요. 사방에서 이주민이 몰려듭니다. 어린아이를 등에 업고.『맹자』를 보면 소국 등(滕)의 문공(文公)이 정치를 잘한다는 소문을 듣고 사방에서 지식인이 찾아옵니다. 이들은 정착 자금을 받고 등 나라에 정착하지요. 맹자의 왕도정치론은 적극적 이민정책이기도 하답니다. 사방의 백성들을 찾아오게 하라, 영토 전쟁 하지 말고, 상대방 백성의 마음을 얻어 나의 백성으로 만들라. 주 무왕처럼. 이것이 패도(覇道)의 시대에 맹자가 주장하는 왕도(王道)의 핵심이지요. 우선 민생을 살펴라! 그렇게 하려면 군주가 먼저 사욕을 줄이고 백성을 위한 정책을 펴야겠지요. 맹자는 장황하게 말하지만『대학』은 간결합니다. '재물을 흩어 백성에게 나눠 주면 백성이 모여든다', 다른 말로 바꾸면, '군주에게 덕이 있으면 인구가 늘고 땅을 소유하게 된다.' 군주는 '신덕'(愼德), '수신'(修身)에 집중하면 될 뿐, 그다음은 순리대로 술술 풀려 나간다. 어디까지? '왕천하'(王天下), '평천하'(平天下)까지.

10장에 오니까 자꾸 『맹자』를 말하게 되네요. 어쩔 수 없답니다. 『맹자』는 유가의 정치 철학 교과서이니까요. '인성론'과 '왕도정치론'이 표리(表裏)를 이루지요. '내성외왕'(內聖外王), 내면의 덕을 이룬 성인이 현실정치의 군주가 되는 것, 동양의 성인정치론이지요. 맹자와 양혜왕의 대화를 하나 더 소개할까요? 양혜왕이 자신은 최선을 다해 나라를 다스리는데, 이웃나라보다 인구가 늘지 않는다고 고민해요. 맹자가 묻지요. 어떻게 하고 있냐고. 그랬더니 자신의 영토를 크게 하동, 하서로 나눌 수 있는데, 하동에 흉년이 들면 하동의 젊은 사람들에게 하서로 가서 얻어먹은 후에 식량을 져다가 집에 있는 노약자들을 먹이게 한다고 해요. 그때 맹자가 하는 말이 당신의 정치는 이웃나라 군주의 정치와 '오십보 백보'(五十步, 百步)라고 합니다. 마찬가지라는 거지요. 하동의 백성이 굶주리면 국가에서 비축했던 정부미 창고 문을 열어서 구휼을 해야지, 백성들 보고 서로 알아서 먹고 살라 하다니. 정치가 아닌 거죠. 그러면서 최선을 다했다고 자부하고 있다니. 군주가 자기 것을 챙겨 부유해질수록 백성의 마음은 흩어질 수밖에 없다, 『대학』의 이 구절을 맹자와 양혜왕 대화의 결론으로 삼아도 좋겠네요. 맹자는 왕 앞에서도 거침이 없지요. 『맹자』를 읽으면 속이 펑 뚫린답니다.

10-10 시고是故 **언패이출자**言悖而出者는 **역패이입**亦悖而入하고 **화패이입자**貨悖而入者는 **역패이출**亦悖而出이니라.

10-8의 '外本內末, 爭民施奪'을 다시 '是故'로 받네요. '어그러질 패'(悖)는 '거스를 역'(逆)의 뜻이랍니다. 말의 나가고 들어옴[出入]으로 재화의 나가고 들어옴[出入]의 이치를 밝힌 구절이지요. 군주가 이치에 어긋난 말을 뱉으면 백성들 또한 이치에 어긋난 말로 대응하지요. 마찬가지로 군주가 이치에 어긋나게 재화를 끌어모으면 백성들 또한 수단 방법 가리지 않고 군주의 재물을 빼앗아 가겠지요.

이것이 혈구의 도를 행하지 않은 군주의 비참한 말로입니다. 말이든 재물이든 이치에 어긋난 것은 불신과 약탈을 부를 뿐이니까요. 주자는 10-6의 '선신호덕'(先愼乎德)부터 여기까지를 '재화'(財貨)의 이해관계로 '혈구'(絜矩)의 득실을 밝힌 것으로 봅니다. 덕을 닦아서 '혈구'를 하게 되면 자연스럽게 사람, 땅, 재용이 있게 되지요. 사람을 어떻게 모으는가, '재산민취'(財散民聚)! '혈구'를 행하지 않으면 사람, 땅, 재용을 얻을 방법이 없겠지요. '재취민산'(財聚民散)! 재물을 무리해서 모아 봤자 또 그렇게 나가고 말겠지요. 백성이 흩어지고 민심이 떠나가는데, 군주가 무슨 수로 재물을 지키겠어요!

10-11 강고왈康誥曰 **유명불우상**惟命不于常이라 하니 **도선즉득지**道善則得之하고 **불선즉실지의**不善則失之矣니라.

『서경』「강고」를 다시 인용했군요. 주 무왕이 동생 강숙에게 고한 말을 들어 볼까요? 여기서는 다섯 글자만 가져왔군요. '惟命不于常', '천명은 영원하지 않노라!', 간단하지만 강렬하지요. 10-5에서 시 「문왕」을 인용하여 '준명불이'(峻命不易), 위대한 하늘의 명을 지키기가 쉽지 않다고 했잖아요? 같은 뜻이지요. 무왕은 주(周)를 창업(創業)한 다음 날부터 수성(守城)을 걱정합니다. 창업보다 수성이 더 어렵다고 하잖아요? 은(殷)의 주(紂)를 죽이고 나라를 빼앗아 왔는데, 이제부터 어떻게 해야 하는가? 고민이 많을 수밖에요. 우선 왕가의 구성원들을 교육해야지요. 천명이 영원히 우리에게 있다고 여기지 말거라, 민심을 잃는 순간 천명도 바뀐다, 어렵게 세운 나라이니 정신 차리고 지켜라, 이렇게 반복 학습을 시킵니다. 군주가 선을 행하면 얻게 되고 불선을 저지르면 잃게 되는 것이지요. 무엇을? 민심이지요. 민심을 잃으면 사람, 땅, 재용도 사라집니다. 이것을 천명(天命)이 바뀐다고 하지요. 여기서 선(善)은 혈구지도를 행하는 것이지요. 불선은 백성의 마음을 헤아리지 못하는 거고요. '道'는 '말하다'라는 뜻입니다.

주자는 여기 「강고」의 내용이 10-5 「문왕」에서 인용한 시의 뜻과 연결되어 있다고 봅니다. 모두 '천명'을 지키기 어렵다고 하니까요. '득'과 '실'의 경우를 말한[道] 문장 구조도 같지요.

10-12 초서왈楚書曰 **초국**楚國**은 무이위보**無以爲寶**요 유선이위보**惟善以爲寶라 하니라.

이 글은 현재 『국어』(國語) 「초어」(楚語)에 실려 있어요. 『국어』는 좌구명(左丘明)이 정리했다고 전해지는 춘추 시대 여덟 제후국(주·

노·제·진·정·초·오·월)의 정치 문건이지요. 좌구명은 『좌전』의 편찬자이기도 하지요. 사실 공자가 지었다는 『춘추』와 좌구명이 지었다는 『좌전』과 『국어』는 별도의 텍스트였지요. 서진(西晉)의 두예(杜預)가 『춘추』와 『좌전』을 묶어서 『춘추좌씨경전집해』(春秋左氏經傳集解)를 만든 이후에 두 책이 한 권의 책으로 되어 버렸어요. 그후에는 『춘추좌전』을 '춘추내전', 『국어』를 '춘추외전'이라 부르기도 한답니다. 『국어』에 『춘추좌전』을 보완할 수 있는 내용이 들어 있다는 거지요.

「초어」를 보면 초나라 대부 왕손어(王孫圉)가 진(晉)에 사신으로 갔을 때, 진의 대부 조간자(趙簡子)가 초의 보물인 백형(白珩)에 대해 물어 보는 이야기가 나옵니다. 백형은 흰 패옥(珮玉)인데 조간자가 보물의 안부를 물은 것은 가지고 싶다는 뜻을 비친 거랍니다. 그러자 사신 왕손어가 재치 있게 대답하지요. 초나라는 패옥을 보배로 삼지 않고 오직 어진 사람을 보배로 삼는다고. '선'은 '선인'(善人)이지요. 패옥이 아무리 천하의 보배라 해도 재(財)이고 말(末)일 뿐이지요. 초나라는 재물이 아니라 선인을 나라의 보배, 본(本)으로 삼는다고 하니 조간자는 무안했겠지요. 역시 사신은 순발력이 중요하답니다.

10-13 구범왈舅犯曰 **망인**亡人은 **무이위보**無以爲寶요 **인친**仁親을 **이위보**以爲寶라 하니라.

문장은 짧은데 관계된 이야기는 길답니다. 간략 버전으로 하겠습니다. '시아버지 구'(舅)인데, 외삼촌도 '구'라고 합니다. '구범'은 진문공(晉文公)의 외삼촌 자범(子犯)입니다. 이름은 호언(狐偃)인데 관련 자료에는 '구범'으로 나오지요. '망인'은 '망명 중인 사람'으로 나중에 문공이 된 공자 중이(重耳)를 말합니다. 중이는 아버지 진헌공(晉獻公)의 부인인 여희(驪姬)가 태자 신생(申生)을 모함하여 죽이자 망명객이 됩니다. 무려 19년 동안이나요. 고우영의 불후의 명작 『십팔사략』을 보시면 진문공과 그를 따르는 신하들의 거지와 다름없는 초라한 행색이 실감나게 그려져 있지요. 외삼촌 자범도 그 일행 중에 있었지요.

공자 중이 일행은 지지리 고생스런 망명 생활 중에 아버지 헌공이 죽고 여희 때문에 나라가 더욱 혼란에 빠졌다는 소식을 듣습니다. 이때 자형인 진목공(秦穆公)이 서둘러 귀국하여 아버지의 자리를 이으라고 하지요. 하지만 아직 때가 아니라고 생각한 자범은 중이에게 그 제안을 거절하라고 충고합니다. 그 자리에서 자범이 중이에게 한 말인데, 『예기』 「단궁」(檀弓)과 『국어』 「진어」(晉語)에 남아 있습니다. 글자는 약간씩 다르지요.

'仁'은 '愛'로 동사인데요, '인친'은 부모를 사랑하는 것입니다. 무슨 말일까요? 망명 중인 중이에게는 보배로 삼을 만한 것이 없지요. 이럴 때일수록 '명분'이 중요합니다. 그런데 아버지의 상중에 제후의 자리에 욕심을 내면 '명분'을 잃게 된다는 거지요. 도리에 맞는 말이지요. 지금은 정권 투쟁에 뛰어들 때가 아니라는 간언인데, 진문공은 이 말을 듣습니다. 친상(親喪)을 당한 아들로서 애도를 할 뿐, 진의 권력 투쟁에 관여하지 않지요. 부모에 대한 효심을 본(本)으로 삼고 말(末)인 제후 자리는 나중에 도모하자는 것인데, 자범의 충고가 적중했지요. 비록 시간은 걸렸지만 중이는 어지러워진 진나라에 들어가 제후가 되고 패자가 되었으니까요. 당연히 친상을 당했을 때 아들의 도리를 다한 것이 백성과 제후들에게 신망을 얻는 계기가 되었지요. '제환진문'(齊桓晉文), 제환공과 진문공이야말로 춘추 시대를 대표하는 패자이지요. 한때 천자 못지않은 권위로 제후들을 불러 회맹(會盟)을 주도했어요.

10-12, 10-13 두 절은 '외본내말'(外本內末)하지 않아야 하는 뜻을 밝힌 것입니다. 눈앞의 이익에 마음이 흔들리지 않아야 후일을 기약할 수 있겠지요. '덕'(德)이 본(本)이고 '재'(財)가 말(末)이니까요. '재'의 예로 든 것이 초의 보물 패옥, 대국 진의 제후 자리이네요. 어마어마하군요. 하지만 이 또한 '재'이고 '말'일 뿐이지요. '선인'을 나라의 보배로 삼고, 부모를 사랑하는 마음[仁親]을 다하여 '본'을 지켰지요. 물론 쉽지 않지요. 지금 우리는 『대학』 팔조목의 마지막 '평천하' 부분을 읽고 있답니다. '평천하'를 위한 본과 말을 이야기하면서 계속 재물, 돈은 '말'일 뿐이다, 현혹되지 말고 '本'에 충실하라고 합니다.

10-14 진서왈秦誓曰 **약유일개신**若有一个臣이 **단단혜**斷斷兮요 **무타기**無他技나 **기심**其心이 **휴휴언**休休焉하여 **기여유용언**其如有容焉이라 **인지유기**人之

有技를 **약기유지**若己有之하며 **인지언성**人之彦聖을 **기심호지**其心好之호대 **불시약자기구출**不啻若自其口出이면 **식능용지**寔能容之라 **이능보아자손여민**以能保我子孫黎民이니 **상역유리재**尚亦有利哉인저 **인지유기**人之有技를 **모질이오지**娼疾以惡之하며 **인지언성**人之彦聖을 **이위지**而違之하여 **비불통**俾不通하면 **식불능용**寔不能容이라 **이불능보아자손여민**以不能保我子孫黎民이니 **역왈태재**亦曰殆哉인저 하니라.

길군요. 『서경』 58편 중의 마지막 장인 「진서」인데요, 진목공(秦穆公, 재위 기원전 660~621)이 한 말이랍니다. 네, 10-13에 나온 공자 중이가 진(晉)에 들어가 제후가 될 수 있게 도와준 그 진목공입니다. 진목공의 부인이 태자 신생의 누이였어요. 중이에게는 이복누이가 되지요. 그런데 진문공이 죽은 이후 진목공은 진(晉)과 전쟁을 하게 되고 대패하고 만답니다. 기원전 627년에 있었던 '효산전투'이지요. 진목공이 자신의 허물을 뉘우치면서 신하들에게 맹세한 말이 이렇게 남아 있어요.

전체 문장을 두 부분으로 나눌 수 있는데, 상반된 사례를 말하고 있습니다. '약유일개신'부터 '상역유리재'까지가 한 단락입니다. 두 번째 '인지유기'부터 끝까지가 앞의 경우와 반대되는 사례이지요. 자, 우선 대강의 내용을 볼까요? 만약 한 신하가 있는데, 이 사람이 별다른 재주는 없지만 다른 사람의 장점을 진심으로 포용하는 너그러움[容]을 갖추었다면 이런 사람은 나의 자손과 백성을 보존할 것이다. 반대로 다른 사람의 능력을 질투하고 미워하여 군주와 통하지 못하게 가로막는 사람이 있는데, 군주가 그런 사람을 기용한다면 나라는 위태롭게 된다, 이런 내용입니다.

풀어야 할 글자도 많군요. '낱 개'(介)는 주로 '個', '介'로 쓰지요. '一个臣'은 '한 명의 신하'를 말합니다. 그 다음 '끊을 단'(斷)인데 '단단혜'는 성일(誠一), 한결같은 모양입니다. '쉴 휴'(休)를 겹쳐 쓴 '휴휴언'은 편안하고 너그러운 모습이지요. 여기 한 신하가 있는데 별다른 재주는 없지만 마음이 한결같고 너그러워서 다른 사람에게 재주가 있으면 마치 자기가 가지고 있는 것처럼 여긴다고 합니다. 이렇게 하기가 쉽지 않다는 것, 우리 모두가 잘 알지요? 나의 부족한 점을 인정하기도 어렵지만 남의 장점을 흔쾌히 받아들이는 것도 참 어려운 일이지요. 마음을 담박하게 편안히 유지하여 담박하여 욕심이 없는 사람만이 가능할 겁니다. 무슨 얘기인가? 역시 '혈구지도'를 말하는 것이지요. 욕심이 없는 사람만이 다른 사람의 마음을 헤아릴 수 있지요. 내면이 사욕으로 가득 차 있으면 남이 보이겠어요? 6-4에 나오는 '심광체반'(心廣體胖)한 군자라면? 가능하지요.

'선비 언'(彦)은 미사(美士), 덕이 훌륭한 선비이고, '聖'은 '통명'(通明), 통달하고 밝은 사람입니다. '人之彦聖'은 아름답고 밝은 덕을 지닌 사람이지요. '뿐 시'(啻)는 '不'자와 같이 쓰이는데, '불시'는 '~뿐만이 아니라'이지요. '이 식'(寔)자는 '이 시'(是)와 같아요. '여민'은 백성인데요, '黎'는 새벽, 많다, 검다 등의 뜻이 있답니다. 여명(黎明)은 새벽이고, 여민(黎民)은 백성이기도 하고 머리가 검은 젊은 사람을 말하기도 합니다. 여기서는 '나의 자손과 백성'이 되겠지요. '오히려 상'(尙)은 서기(庶幾), '거의'로 풀었군요.

여기에서 한번 정리하고 갈까요? 군주가 신하를 발탁할 때도 그가 '혈구지도'를 지닌 인물인가를 유심히 봐야 한다는 거지요. 여기서는 큰 도량으로 다른 사람의 좋은 점을 인정하고 용납하는 것을 '용'(容)자로 표현했네요. 이런 사람이 인품이 훌륭하고 통찰력을 지닌 사람을 보게 되면 어떻게 할까요? 그 사람을 입발림이 아니라 진심으로 포용하고 추천하겠지요? 그러면 연이어 유능한 인재들이 조정으로 나오는 파급 효과가 일어날 겁니다. 진목공은 이런 신하는 나의 자손을 오래도록 보존할 것이고 나의 백성을 태평하게 해줄 것이라고 합니다. 나라를 크게 이롭게 한다는 겁니다. 역시 진목공은 보통 인물이 아니었군요. 군주의 덕목 중 가장 중요한 것이 인재를 보는 안목이라는 것을 알고 있었지요.

이왕 진목공이 한 말이 길게 나왔으니, 진목공에 대한 이야기를 간략히 하고 가겠습니다. 춘추시대(기원전 772~403)에 오패(五霸)가 있었지요. 주 천자를 대신해서 제후들과 회맹하여 천하의 정치를 이끈 5명의 제후들이지요. 제환공·진문공은 당연히 들어가고요, 나머지 3명은 이런저런 설이 있답니다. 진목공, 송양공, 초장왕을 넣기도 하고, 초장왕과 오왕 합려, 월왕 구천을 꼽기도 하지요. 합려 대신 아들 부차가 들어가는 경우도 있고요. 그런데 진목공을 패자로 인정하지 않는 이유는 그가 죽은 이후에 177명이나 되는 사람들을 순장했

기 때문이라고 합니다.(『사기』「진본기」) 그 중에는 엄식(俺息), 중항(仲行), 침호(鍼虎) 같은 인재도 포함되어 있었지요. 『시경』에는 진나라 사람들이 이들을 애도하여 부른 「황조」라는 작품이 남아 있습니다. 후손에게 모범이 될 만한 법도를 남겨야 하는데 진목공은 백성들이 따르는 인재를 순장시켰으니 제후의 맹주 자격이 없다는 거지요.

다시 『대학』으로 돌아와서, 반대로 불선(不善), 불량(不良)한 사람을 신하로 삼는다면 어떨까요? 물론 재앙이겠지요. 소인배에게 한결같은 정성과 너그러운 도량을 기대할 수는 없는 법! 소인배의 공통된 점은 재주 있는 사람을 보면 자신의 경쟁자로 여겨 시기하고 미워하는 겁니다. '시기할 모'(媢), '미워할 질'(疾)자예요. 무슨 수를 써서라도 다른 사람의 능력을 억누르고 진로를 막을 겁니다. 이런 사람에게 국정을 맡기면 천하의 인재를 해치고 나라를 위기에 빠뜨리겠지요. '위태할 태'(殆), 나라가 위태(危殆)해집니다. 원인은? 군주가 재상과 같은 요직에 불선하고 용렬한 소인배를 앉힌 거지요. 이것이야말로 인사권자 군주가 초래한 국가 재난, 재앙입니다. 이 장은 분량은 많지만 어려운 이야기는 아니지요. 읽는 순간 바로 이해됩니다. 인사(人事)가 국가의 명운과 연결된다는 거니까요. 군주가 조약돌이나 푸석푸석한 돌만 고른다면? 그래서 청문회라도 생긴 거겠지요.

10-15 유인인唯仁人이라야 **방류지**放流之호되 **병저사이**迸諸四夷하여 **불여동중국**不與同中國하나니 **차위유인인**此謂唯仁人이라야 **위능애인**爲能愛人하

며 **능오인**能惡人이니라.

『논어』「이인」(里仁)의 '오직 어진 사람만이 다른 사람을 좋아할 수 있고, 다른 사람을 미워할 수도 있다'(惟仁者유인자 能好人능호인 能惡人능오인)가 나오네요. 반가워라! 『논어』의 이 구절은 오직 어진 사람만이 사심, 사욕에서 벗어날 수 있기 때문에 다른 사람을 공정하게 좋아할 수도 미워할 수도 있다는 거지요. 여기서도 같은 맥락입니다. '仁人'은 군주입니다. 오직 어진 군주만이 나라의 재앙이 되는 불선한 사람을 멀리 내칠 수 있다는 거지요. 인재를 시기하고 미워하는 사람[媢嫉之人]의 악행은 어진 사람의 앞길을 막고[妨賢] 나라를 병들게 하지요[病國].

'방류'(放流)는 추방하여 유배를 보내는 것이지요. 물이 흐르고 흘러 먼 곳으로 가듯이. '흩어져 달아날 병'(迸)은 '물리칠 병'(屏), '쫓을 축'(逐)의 뜻인데, 이런 사람은 나라 안에 둘 수 없다는 겁니다. 멀리 사방 오랑캐의 땅으로 영구 추방해야 하니, 그만큼 지독한 악인들인 거죠. 여기서 '중국'은 '국중'(國中)으로 나라 안에 살고 있는 사람들을 말하지요. 한족이 거주하던 황하 유역의 중원(中原) 지역을 말할 때도 있지요. 이렇게 쓸 경우 지금의 '중국'과는 그 의미가 비슷하지요.

국외 추방! 이런 일은 누구만이 가능하다? 네, 지극히 공정하여 사사로움이 없는[至公無私] '인인'(仁人), 군주만이 가능하다. 한마디로 웬만한 사람은 해낼 수 없다는 거지요. 사사로움이 끼어든다면 정치 보복이고 폭정이 될 테니까요. 민심을 얻을 수가 없지요. 하지만 '인인'이라면 과감한 추방 정치도 가능합니다. 악인들과 같은 땅에 살 수 없다고 판단되면 그들을 먼 곳으로 추방하는 것도 정치술 중의 하나지요. 『서경』「순전」을 보면, "공공을 유주로 귀양 보내고 환두를 숭산으로 추방하고, 삼묘를 삼위로 몰아내고 곤을 우산에 가두어 네 가지 형벌을 시행하니 천하가 모두 복종하였다"고 하지요. 귀양, 추방, 강제 이주, 감금은 순 임금도 행하신 정치이지요. 그 결과 '천하함복'(天下咸服), 천하가 모두 복종하였다, 하니 통치에는 상과 벌을 모두 쓰지요.

10-16 견현이불능거見賢而不能擧하며 **거이불능선**擧而不能先이 **명야**命也요 **견불선이불능퇴**見不善而不能退하며 **퇴이불능원**退而不能遠이 **과야**過也니라.

우선 '命'자를 봐 주세요. 이 글자를 후한의 대학자 정현(鄭玄, 127~200)은 '게으를 만'(慢)으로, 북송의 성리학자 정자는 '게으를 태'(怠)로 봐야 한다고 했어요. 문장 전체는 '견현~', '견불선~'의 대조 구문이군요. '들 거'(擧)는 뽑아 쓰는 거지요. 인재를 보고도 선발하지 않고, 등용을 했어도 빨리 쓰지[早用] 못한다면 이것은 군주의 태만이라고 하네요. 주자는 '먼저 선'(先)을 조용(早用), 속용(速用)으로 풀었어요. 인재라는 확신이 있다면 빨리 그 능력에 맞는 자리를 주라는 거지요. '선'을 '가까울 근'(近)으로 볼 수도 있지요. 인재를 찾았으면 높은 자리를 주어 군주 가까이 두라는 겁니다. 이것만 해도 인

사문제는 어느 정도 해결되지요. 노(魯)나라 애공(哀公, ?~기원전 467)이 어떻게 하면 백성들이 복종하냐고 묻자 공자가 간단히 대답하지요. '거직조제왕'(擧直錯諸枉), 곧은 사람을 등용하고 정직하지 못한 사람을 버려두면 백성이 복종한다고. 반대로 '거왕조제직'(擧枉錯諸直), 정직하지 못한 사람을 쓰고 정직한 사람을 방치하면 백성들이 복종하지 않는다고(『논어』「위정」).

혹시 조정 안에 '불선'한 사람이 있으면 바로 물리쳐야 하고, 그것도 먼 곳으로 쫓아내야겠지요. '遠'은 '원축'(遠逐), 국외 추방입니다. 만약 그렇게 하지 못한다면? 군주의 과실[過]이지요. 사사로운 정에 끌리는 우유부단(優柔不斷)한 군주입니다. 휴우~, 생각만 해도 한숨이 나오는군요. 누구나 누구를 가까이 하고 누구를 경계하고 멀리 해야 한다는 것을 알고는 있지요. 다만 무엇이 어려운가요? '애오지도'(愛惡之道), 사랑하고 미워하는 도리를 철저히 실행하는 것이 어렵지요. 좋아하고 싫어하는 경우에 공(公)과 사(私)의 구분이 명확해야 하는데, 오직 인인(仁人)만이 할 수 있다니, 그만큼 행하기 어려운 일인 겁니다. 이것도 '혈구지도'입니다. 사심, 사욕에서 벗어나야만 '혈구'를 할 수 있다, 이렇게 보시면 됩니다. 다른 사람의 마음을 읽고 소통하는 것, 사욕에 가득 차 있으면 못합니다. 타자가 보이지 않잖아요? '혈구'? 꿈도 못 꿀 일이지요.

10-17 호인지소오好人之所惡하며 **오인지소호**惡人之所好를 **시위불인지성**是

謂拂人之性이라 **재필체부신**菑必逮夫身이니라.

　살다 보면 꼭 이런 사람 만나게 됩니다. 모두들 싫어하는 것을 자기 혼자 좋아해요. 그리고 사람들이 좋아하는 것은 혼자 싫다고 하지요. 짬뽕요? 아유! 모두 자장면 시킬 때 혼자 짬뽕! 하는 사람은 이런 경우는 아니지요. 왜 중국집 메뉴가 나오나요? 그건 식성이 다른 거고요. 약간 짜증은 나지만 그 정도는 참을 수 있지요. '拂'은 먼지를 털다, 거스르다, 값을 치르다 등등 뜻이 많답니다. '불자'(拂子)는 먼지떨이, 총채이고요, '환불'(換拂), '가불'(假拂) 할 때도 쓰지요. 지금은 월급 당겨쓰는 '가불'이 없어졌어요. 여기서는 '거스를 역'(逆)의 뜻입니다. 이런 사람을 사람의 본성에 거역한다고 하지요. 호선(好善), 선을 좋아하고 오악(惡惡), 악을 미워하는 것이 인간의 자연스런 본성인데, 반대로 한다면 이것은 '불인'(不仁)이 심한 것이겠지요. 10-16에서는 인재를 알아보고도 서둘러 기용하지 못하는 것[不先]을 태만이라고 했지요. 악인인 줄 알면서도 멀리하지 못하는 것[不遠]은 과오고요. 10-16은 좋아하고 미워할 대상을 알지만 그것을 철저히 실행하지 못하는 데서 오는 잘못이지요. 하지만 10-17의 경우는 인간의 '본성'과 상반되게 판단하고 행동하는 것이니 재앙을 면하기 어렵지요.

　'菑'는 '묵정밭 치'인데요, 여기서는 '재앙 재'(災)의 고자(古字)로 음도 '재'입니다. '미칠 체'(逮)는 요새는 '뒤쫓아 잡는다'는 '체포'(逮捕)로 많이 쓰이지요. 이렇게 사람들과 '호오'를 같이하지 않는 사람은 재앙이 그 몸에 미친다, 닥친다는 거죠. 무서운 말이지요. 걸주(桀紂)가 이런 경우겠지요. 인간의 길을 외면했다가 인심이 이반되고 천명이 바뀌게 되어 재앙과 환란이 그 몸에 닥쳤잖아요. 자신들도 죽었지만 수많은 사람이 전쟁 중에 죽고 나라가 망했지요. 군주가 '혈구지도'를 행하지 못한다면 그 재앙의 파급력은 어마어마하여 나라와 백성의 운명을 확 돌려놓습니다.

주자는 「진서」(秦誓)가 나오는 10-14부터 여기까지를 '호오공사지극'(好惡公私之極)을 거듭 말한 것으로 봅니다. 좋아하고 미워하는 감정이 공적인가, 사적인가에 따른 결과를 보여 준다는 거지요. 그리고 10-14부터 10-17까지의 요지는 10-3에서 시 「남산유대」를 인용하여 군자를 백성의 부모라 한 것과 10-4에서 시 「절피남산」을 인용하여 백성들이 군자의 언행을 항상 쳐다보고 있다고 한 것을 더욱 분명히 밝히는 데 있다고 봅니다. 이렇게 주자는 글을 나누어 분석하고 다시 묶어서 연결하는 데 달인이지요. 우리도 일단 이렇게 정리하고 다음 글로 넘어 갈까요? 네, 좀 쉬자고요? 네, 좋습니다. 10분 쉬고 읽읍시다.

10-18 시고是故 **군자유대도**君子有大道하니 **필충신이득지**必忠信以得之하고 **교태이실지**驕泰以失之니라.

여기서 군자는 나랏일을 맡고 있는 지위가 있는 사람을 말합니다. 군주라고 보셔도 되지요. '道'는 지위에 있는 사람이 수기치인(修

己治人)하는 방법[術]을 말합니다. 『대학』은 '수기'한 이후에야 '제가', '치국', '평천하'가 가능하다고 하지요. 당연히 '치인'의 자리에 오른 군자는 '수기'가 되었겠지요. 하지만 '수기'와 '치인'의 길은 끝이 없지요. 네, '지어지선'(止於至善)까지 가야 합니다. 여기서는 '충'과 '신'으로 천하 만민의 마음을 얻을 수 있고 평천하할 수 있다고 하네요. '忠'은 스스로 최선을 다하는 것, 진기(盡己)입니다. '信'은 사물의 이치를 따라 위배됨이 없는 것[循物無違]인데요, 이래야만 좋아함과 싫어하는 마음을 백성과 같이할 수 있지요. 격물→치지→성의→정심의 전 과정을 '충'과 '신'으로 행하는 것입니다. '혈구지도'(絜矩之道), '서'(恕)를 마음을 다해 성실히 행하는 거지요. 다른 방법은 없답니다.

그런데 만약 교만하고 방자하다면? 민심을 잃겠지요. '교만할 교'(驕), '교만할 태'(泰)입니다. '태'는 '크다', '편안하다'처럼 좋은 뜻도 있지만 오만하여 잘난 척하는 것도 '태'라고 한답니다. 교만하고 방자하면 마음속이 사의(私意)로 가득 차 막히게 되겠지요. 이렇게 되면 자기만 잘나 보인답니다. 주변 사람들은 시시해 보여요. 백성과 '동락'(同樂)할 수 없겠지요. '혈구'? 불가능하지요. 시도조차 하지 않을 겁니다.

주자는 이 부분이 10-5에 나오는 「문왕」과 10-11의 「강고」의 뜻과 연결된다고 봅니다. 10장 안에서만 득(得)과 실(失)을 3번이나 말하여 그 뜻을 강조하는데, 10-5, 10-11, 그리고 여기에서 '득'의 경우와 '실'의 경우를 대비하여 말하거든요. 더구나 10-18에 이르러 천리가 보존되고 망하는 기미[天理存亡之幾]가 결정된다고 하네요. 왜? 군자의 '충'과 '신'은 '혈구'의 근본이지요. '충'(忠)은 '신'(信)의 근본이 되고, '신'은 '충'이 밖으로 드러난 것이기도 합니다. 군자가 '충'과 '신'을 확장해 나간다면 '천리'를 보존하고 결과적으로 왕도 정치를 할 수 있으니까요. 백성을 새롭게 하는 정치, '신민'의 정치이 기도 하지요. '충'과 '신'은 '수신'의 과정이자, '명명덕'의 결과로 보 시면 됩니다.

10-19 생재유대도生財有大道하니 **생지자중**生之者衆하고 **식지자과**食之者寡 하며 **위지자질**爲之者疾하고 **용지자서**用之者舒하면 **즉재항족의**則財恒足矣리 라.

전 10장이 워낙 길어서 앞 부분을 챙겨 가면서 읽어야 한답니다. 10-6에서 "땅이 있으면 재물을 소유하게 된다"[有土有財]고 했지요. 여기서는 그것을 이어서 나라를 풍족하게 하는 도가 '무본'(務本)과 절용(節用)에 있다는 것을 밝힌 겁니다. 사실 돈, 돈 한다고 해서 집안 도 나라도 부자가 되진 않지요. '생재'에 대도가 있다고 하니까, 『대 학』에서 말하는 부자 되는 법을 따라가 봅시다.

나라 경제가 적절히 유지되려면 우선 노동력이 확보되어야겠지 요. '생지자'가 많아야 합니다. 자, 유민(游民)이 없으면 일하는 생산 자가 많아지겠지요. 고향을 떠난 떠돌이, 일자리가 없는 사람들, 여기서는 모두 유민으로 봅니다. 다음으로 생산자 못지않게 중요한 것이 세금으로 먹고사는 '식지자'이지요. 조정 안에 녹을 축내는 무능한 관리가 없다면 '식지자'가 줄어들겠지요. '먹는 자가 적다'[食之者寡]는 이런 뜻이랍니다. 높은 자리에 앉아서 일하지 않고 녹만 받는 것을 '시위소찬'(尸位素餐)이라고 하는데요, 복지부동(伏地不動)입니다. '시위'는 자리만 차지하고 있는 거고, '소찬'은 하는 일 없이 녹(祿)을 먹는 것입니다. 이런 사람을 줄여야 한다네요.

'疾'은 '빠르다'인데, 일하는 사람이 빠르게, 부지런히 움직이는 겁니다. 나라에서 농사지을 때를 빼앗지 않으면[不奪農時] 농부는 부지런하기 마련이지요. '농시'는 봄에 땅 갈고 여름에 김매고 가을에 거둬들일 때를 말합니다. 이런 시기에 전쟁에 끌고 나가고 성 쌓아라, 다리 놓아라 하면서 부역(賦役)에 동원하지 않으면 국가의 재용이 넉넉해질 겁니다. 가을걷이 후에 전쟁도 부역도 해서 백성들의 고생이 심했지만 어쩔 수 없었던 거지요. '쓰는 자가 더디다'[用之者舒]는 것은 수입을 헤아려 지출하라[量入爲出]는 겁니다. 이렇게 한다면 국가의 재용이 항상 풍족하겠지요. 우리 집안 살림도 마찬가지잖아요? 수입에 맞게 지출을 조정하는 것, 모든 살림살이의 기본이지요. '펼 서'(舒)는 여기서는 '느릴 완'(緩)으로 '빠를 질'(疾)과 반대의 뜻이군요. 일할 때는 부지런히 빠르게, 돈 쓸 때는 세심히 따져서 천천히!

자, '족국지도'(足國之道), 나라를 풍족하게 하는 도는 무엇일까요? '무본'(務本)과 '절용'(節用)입니다. 그럼 '무본'은? 생산하는 사람이 많고 일하는 사람이 부지런한 것이겠지요. 재물이 생산되는 근원이지요. '절용'은 일하지 않고 먹는 자가 적고 수입을 헤아려 규모 있게 쓰는 것이겠지요. 10-7에서 덕(德)이 근본이고 재(財)가 말단이라고 했지요. 하지만 말단이라고 무시하거나 가볍게 여기는 것이 아니지요. 우리의 살림살이, 나라의 살림살이에서 써야 하는 재물의 생산, 재화의 유통은 하루라도 없을 수 없으니까요. '선'과 '후'를 말하는 것입니다. 맹자는 군자는 '항산'(恒産)이 없어도 '항심'(恒心)을 지키고 행해야 한다고 했지요.

어떻게 해야 할까요?『대학』에서는 근본을 중시하여 정대(正大)하게 해야 한다고 합니다. 돈, 돈 하면서 말단인 재물을 미친 듯이 쫓아간다고 될 일이 아니지요. 10-8에 '외본내말 쟁민시탈'(外本內末 爭民施奪)이 나왔지요? 군자가 근본을 도외시하고 말단을 추구하다 보면 백성들이 다투고 빼앗게 되지요. 이렇게 되면 재화가 모이지도 재용이 넉넉해질 수도 없을 겁니다. 반대로 근본에 힘써 백성의 '항산'이 보장되고, 풍족해지면 군주와 나라도 풍족해진다, 유가의 일관된 경제 기조입니다. '민부'(民富)이지요. 반대로 법가들은 '국부'(國富)를 주장합니다. 주자는 여기부터 10-23 끝까지 모두 하나의 뜻이라고 봅니다. 덕(德)과 재(財), 본(本)과 말(末)의 관계이지요. 핵심은 물론 근본인 '덕'에 힘써라!

10-20 인자仁者는 **이재발신**以財發身하고 **불인자**不仁者는 **이신발재**以身發

恥니라.

'인자'와 '불인자'가 재물과 맺는 관계군요. 깔끔하게 정리했네요. 이미 10-9에서 '財聚則民散재취즉민산, 財散則民聚재산즉민취'라고 했지요. 재물이 군주에게 모이면 백성들이 흩어지고, 재물이 백성들에게 나누어지면 백성들이 모인다는 거지요. 여기서는 어진 사람은 재물로 몸을 일으킨다고 하네요. 어질지 못한 사람은 몸으로 재물을 일으키고요. 언뜻 읽어서는 뭔 소린가 싶습니다. '發'은 '일어날 기'(起)인데요, '발신'은 민심을 얻고 명망을 누리는 겁니다. '財'로써 한다는 것은 '散財', 자신의 재산, 소유를 흩어서 나누어 주는 거지요. '불인자'가 하는 '발재'는 식화(殖貨)입니다. '불릴 식', '재물 화', 재산을 불리는 것을 '식화'라고 하지요. '身'으로 한다는 것은 '亡身', 몸을 위험에 빠뜨리고 죽게 되는 겁니다. 자기 몸과 정신이 망가지는 것도 모르고 재산을 산처럼 쌓아 올리겠다고 뛰어다니는 거지요.

'인자'는 '생재'(生財)에 대도가 있다는 것을 알지요. 10-6, 10-19에 그 매뉴얼이 나왔잖아요? 그래서 자신의 소유를 흩어 나누어 주는 겁니다. 자연히 민심이 따르게 되고 저절로 존귀한 존재가 되겠지요. 겸손하게 자신을 낮추고 나누는 삶이 지도자의 길이지요. 이러면 재물도 모이기 마련이지요. 근본인 덕을 베풀면 말단인 재물은 자연히 따라온다. 나누고 덜어 낼수록 명성도 올라가고 재물도 늘어난다. 『대학』이 강추하는 부자 되는 방법입니다. '불인자'는 이러한 이치를 알 리 없지요. 몸을 망쳐 가면서[亡身] 죽어라고 재산을 불리겠지요[殖貨]. 하지만 결과는? 자신은 위태롭고 망해 가면서, 자식에게 한재산 남기는 건가요? 그렇게 모은 재물이 얼마나 가겠어요? 딱할 뿐이지요.

10-21 미유상호인이하불호의자야未有上好仁而下不好義者也니 **미유호의**未有好義요 **기사부종자야**其事不終者也며 **미유부고재**未有府庫財가 **비기재자야**非其財者也니라.

'미유'(未有), '~는 있지 않다'가 세 번 반복되는군요. 『대학』에서 시작은 윗사람부터입니다. 윗사람이 인을 좋아하여 그 아랫사람을 사랑하면 아랫사람도 의를 좋아하여 그 윗사람에게 충성을 다하겠지요. 모든 관계는 상호작용이니까요. 이게 사람 사는 세상의 이치이니까요. 10-20과 연결지어 보면 '이재발신', 재물을 나누어 주어 몸을 일으키는 '인자'는 백성에게 '항산'(恒産)을 보장해 주지요. 여기서 '好仁'은 '혈구'의 마음으로 '인정'(仁政)을 행하는 것이라 보시면 됩니다. 부모님을 봉양하고 처자식을 부양하며 인간의 도리를 행하며 사는 것, 왕도정치의 출발점이지요.(『맹자』「양혜왕」 상) 누구나 누려야 할 기본 권리입니다.

아랫사람이 이미 '의'를 좋아하게 되었다면 정치는 술술 풀립니다. '신민'과 호흡을 맞춰 해나가면 되니까요. '신민'은 군주의 일[君事]을 자기 일[己事]처럼 중하게 여기지요. '기사'(其事)는 왕의 일입니다. 왕이 궁궐을 짓고 성을 쌓으려 하면 백성들이 마치 부모의 일처럼 달려와 해낼 거라는 겁니다. 여기서는 마무리[終]까지 해준다고 하네요. 또 왕의 재물[君財]을 자기의 재물[己財]처럼 귀하게 여겨 아끼게 됩니다. 당연히 힘을 다해 보호하고 지키겠지요. '부고'는 나라의 창고인데요, '곳집 부'(府), '곳집 고'(庫)입니다. 백성들이 지켜 주지 않는다면 군주가 무슨 수로 자신의 생명과 재물을 지키겠습니까? 군주는 막강한 권력을 가진 강자처럼 보이지만 사실은 자력(自力)으로는 아무것도 할 수 없는 약자 중의 약자가 아닌가요? 약자인 줄 모르는 약자이지요. "부고의 재물이 그의 재물이 아닌 경우가 있지 않다"는 것은 무엇인가? 윗사람이 먼저 인을 좋아하고 아랫사람을 사랑한 결과, '패출지환'(悖出之患)이 없게 된다는 겁니다. 10-10에서 도리에 어긋나게 모은 재물은 어긋나게 나가기 마련이라고 했지요. 바로 그럴 염려, 우환이 없는 겁니다. 백성이 군주의 일을 마무리까지 해주고, 나라의 창고를 지켜 주니까요. 그럼 군주가 할 일은? '호인' (好仁)! 이것이 근본이고 전부이기도 하지요. 그런데 이걸 안 해서 그 무수한 사달이 일어났지요. 우리가 읽는 역사책은 군주가 일으킨 어리석은 사건, 사고의 기록이기도 하지요.

10-22 맹헌자왈孟獻子曰 **휵마승**畜馬乘은 **불찰어계돈**不察於雞豚하고 **벌빙지가**伐冰之家는 **불휵우양**不畜牛羊하고 **백승지가**百乘之家는 **불휵취렴지신**不畜聚斂之臣하나니 **여기유취렴지신**與其有聚斂之臣으론 **영유도신**寧有盜臣이라 하니 **차위국불이리위리**此謂國不以利爲利요 **이의위리야**以義爲利也니라.

맹헌자는 노나라 대부 중손멸(仲孫蔑)입니다. 공자의 아버지 숙량흘(叔粱紇)이 섬긴 사람이지요. 그런대로 괜찮은 사람으로 명망이 있었답니다. 맹헌자에 대한 일화가 『맹자』에 나오는데요, 제자 만장(萬章)이 어떤 친구를 사귀는 것이 좋은가라고 묻지요. 맹자는 '친구를 사귀는 것은 그의 덕을 벗하는 것'(友也者우야자, 友其德也우기덕야. 「만장」 하)이라고 멋있게 대답합니다. 나이나 집안, 부유함을 내세우는 사람은 친구로 사귀기에 곤란하지요. 그때 맹자는 백승(百乘)의 수레를 낼 만한 재력을 지녔던 맹헌자가 덕으로 친구를 사귀었다고 칭찬합니다. 집안 배경을 잊고 덕으로 사귄 다섯 명의 친구가 있었다고 하네요. 점점 더 학벌과 빈부를 떠나 친구를 사귀기가 어려워지는 세상에서 살다 보니 이런 이야기가 귀에 들어오는군요. 『논어』 「자장」(子張)에는 맹헌자의 아들 맹장자(孟莊子)의 이야기도 나옵니다. 증자가 공자에게 들었다고 하면서 아버지의 가신(家臣)과 가사(家事)를 그대로 따른 효자라고 하지요. 아버지 맹헌자가 훌륭한 인물들을 남겨 준 것이지요. 집안일도 아버지가 해오던 대로 해도 되었던 거고요. 아버지가 돌아가신 지 3년을 기다리지 못하고 자식이 이것저것 뒤엎는 것은 그럴 만한 속 사정이 있을 수도 있어요. 3년 동안 아버지가 하셨던 일을 바꾸지 않아야 '효'라고 할 수 있다는 것을(子曰자왈 "父在부재, 觀其志관기지, 父沒부몰, 觀其行관기행, 三年無改於父之道삼년무개어부지도, 可謂孝矣가위효의." 『논어』 「학이」) 알면서도 이렇게 하는 것은요.

'乘'은 네 마리 말이 끄는 수레지요. '마승'은 대부가 타는 수레이

자, 그 사람을 말합니다. 여기서는 대부는 집안에 적어도 네 마리 말을 키우고 있다는 거지요. '쌓을 축'(畜)은 여기서는 '기르다'의 뜻이고 음도 '휵'이랍니다. '대부'는 '종정'(從政), 나랏일을 하는 사람으로 출퇴근에 수레를 타고 다녔어요. 안회가 죽은 후에 안회의 아버지 안로(顏路)가 공자에게 수레를 팔아 달라고 해요. 안회의 덧널, 외곽(外槨)을 마련하고 싶다면서요(「선진」). 그때 공자가 거절합니다. 아무리 자식 같은 제자[猶子]이지만 대부 처지에 걸어 다닐 수는 없다고요.

'벌빙지가'는 경대부(卿大夫) 이상의 집안을 말합니다. 고위직이지요. 이런 집안은 상례(喪禮)와 제례(祭禮)에 저장한 얼음을 쓸 수 있어요. 한겨울에 강에서 얼음 덩어리를 떠내다가 보관하지요. '칠벌'(伐)이 여기서는 얼음을 베어 내는 것을 말합니다. '벌목'(伐木)하듯이요.

'백승지가'는 군주가 봉해 준 식읍(食邑)이 있어, 그곳에서 나오는 세금으로 살림을 꾸리는 집안이지요. 녹봉이 아니라 토지에서 나오는 고정 수입이 있는 공족(公族)입니다. 맹자는 맹헌자가 '백승지가'였다고 했지요. 맹헌자가 한 말은 자기 집안의 관리 원칙을 밝힌 것이라고 보셔도 되겠네요.

자, 맹헌자는 벼슬하는 사람들은 녹봉, 식읍의 고정 수입 이외에 별도로 재산 증식에 마음을 써서는 안 된다고 합니다. 이익, 이권을 독점하지 말라는 건데요, 예나 지금이나 돈 버는 방법은 높은 자리에 있는 사람들에게 더 잘 보이기 마련이거든요. 절제해야지요. 말을 기르고 수레를 타는 대부가 되었다면 닭과 돼지 같은 가축을 길러서 돈 벌 생각은 하지 말아야지요. '생각도 하지 말라'를 '살피지 말라'고 했군요. 체면도 체면이지만 닭과 돼지는 백성들이 길러서 가계에 보태야지요. 초상 치르고 제사 지낼 때 얼음을 쓸 정도의 고위직은 소와 양을 길러 재산을 불리지 말라고 하네요. 많은 녹봉을 받는 고위 공직자가 탐욕에 눈이 어두워 개인사업을 하면 곤란하지요. 세금을 내는 백성과 이런 방식으로 이익을 다투면 공정하지 않지요. 고위 공직자가 내부 정보로 땅 투기 하고 주식 사서 더욱 더 부자가 되는 꼴이지요. 그러고도 부끄러운 줄 모르고 마구 자랑을 하지요. 주변 사람들은 잘못된 일인 줄 모르고 부러워하고. '무치'(無恥), 부끄러움이 사라진 시대를 살고 있지요. 재벌이 빵 만들고 콩나물, 두부 파는 것도 마찬가지예요.

마지막으로 식읍이 있는 집안은 가신(家臣)을 두어 대소사를 맡깁니다. 가신의 총책임자를 가재(家宰)라고 하는데 『논어』를 보면 자로, 염유 같은 공자의 제자들이 당대 권력자였던 계손씨 집안의 가재가 되었지요. 만년에 공자의 힘은 이런 출세한 제자들에게서 나왔지요. 그런데 맹헌자는 '취렴지신'을 가신으로 두기보다는 차라리 '도신'을 두는 것이 낫다고 하네요. '與其' A '寧' B 구문이 나왔군요. 한문 문법책에서 소개하는 중요한 구문이지요. 'A 하느니 차라리 B하는 것이 낫다'로 푸시면 됩니다. '취렴'(聚斂)은 백성을 괴롭히고 그들의 재물을 벗겨 내는 것[殘民剝下전민박하]이니 '취렴지신'은 가렴주 구를 일삼는 부패한 가신이지요. '도신'(盜臣)은 주인의 재물을 훔치 는 신하입니다. 두 경우의 피해를 비교해 보면 주인의 재물을 훔치는 것이 백성을 괴롭히는 것보다 낫다는 거지요. 대부분은 너희가 알아 서 챙겨라, 내 것 축내지 말고, 라고 하지요. 하지만 맹헌자는 가렴주 구하는 신하보다는 '도신'이 더 낫다고 하니, 대단한 겁니다.

'此謂' 이하의 문장은 맹헌자의 말을『대학』의 맥락에 맞게 푼 겁 니다. 나라를 다스리는 사람은 자기 재산 늘리는 것[利]을 이로움[利] 으로 삼지 말고 의로움[義]을 이로움[利]으로 삼아야 한다는 거지요. '以利爲利'에서 앞의 '리'는 지배자가 이익을 독점하는 것으로 '義' 와 반대되는 겁니다. 바로 녹봉을 받는 관료가 닭이나 소, 양을 키워 서 백성과 작은 이익을 다투는 것이지요. 수단 방법 가리지 않고 돈 벌이에 나서는 겁니다. '의'는 사욕, 사의가 없이 공명정대(公明正大) 한 것이지요. '혈구'로 백성의 처지를 헤아려 자신의 탐욕을 자제하 고 절제하는 것입니다. 뒤의 '리'는 개인과 나라가, 군주와 백성이 같 이 추구해야 할 공적 가치로서의 이로움입니다. 사회정의이지요. 다 시 '義'와 '利'가 나왔군요. 둘 중 하나를 선택해야지요. 의로움과 이 권은 같이 갈 수 없으니까요. '義'의 이로움에 대한 확신, 이것이 지식 인이 흔들림 없이 지니고 살아야 할 가치관이지요. 아! 맹헌자의 말 에 공감하시는 분들이 많군요.

10-23 장국가이무재용자長國家而務財用者**는 필자소인의**必自小人矣**니 피위선지**彼爲善之**하여 소인지사위국가**小人之使爲國家**면 재해병지**菑害並至**라 수유선자**雖有善者라도 역무여지하의**亦無如之何矣**리니 차위국불이리위리**此謂國不以利爲利**요 이의위리야**以義爲利**也니라.

드디어 전 10장의 마무리 단락이자『대학』전체의 마지막 부분입니다. 바로 앞의 10-22와 같은 '此謂國, 不以利爲利, 以義爲利也'로 끝나는군요. '장'(長)은 여기서는 동사로 '국가의 어른이 되다'입니다. 군주로 보시면 되겠네요. 나라를 다스리는 사람이 덕을 도외시하고 재용에 힘쓰는 것이 소인 때문이라고 하네요. '자'(自)는 '말미암을 유'(由)입니다. 그런데 주자는 '피위선지'의 앞뒤에 빠진 글자나 오자가 있는 것 같다 합니다. 글의 흐름이 매끄럽지 않다고 본 거지요. 저는 괜찮은데… 주자처럼 '彼爲' 다음에 '不' 자가 빠진 것으로 보아 '彼爲不善之'라 하면, '피'는 '소인'으로 '저들이 선하지 않은 일을 하는 것은'이 되지요. '彼爲善之'에서 '爲善之', 세 글자를 빼기도 합니다. 그러면 '彼小人之使爲國家'가 되지요. 번역은? '저 소인으로 하여금 나라를 다스리게 하면…'이 되겠네요. '저 소인이 군주를 부추겨 나라를 다스리면…'으로 풀기도 합니다. '爲'는 '다스리다'[治]입니다.

그런데 주자는 이런저런 가능성을 따져 본 후에 '피'(彼)를 '인군'(人君)으로 보았습니다. 그러면 군주가 제대로 살피지 못하고 소인들이 잘한다고 여겨서, 그들로 하여금 나라를 다스리게 한다는 것이지요. 여기서도 군주가 어떤 사람을 선택해 나랏일을 맡기느냐에 따라 군주와 나라, 백성의 삶이 좌우된다는 것이지요. 이렇게 『대학』은 끝까지 '수기'와 '치인'을 주제로 가져갑니다.

이익을 독점하고 취렴(聚斂)을 일삼는 소인이 나랏일을 하게 되면 그 결과는? 끔찍하지요. 천재(天災)와 인해(人害)가 같이 들이닥칩니다. 왜 그런가? '혈구지도'로 백성의 삶을 살피지 않고 악행을 일삼으면 인심을 잃게 되겠지요. 사람이 만든 인재이지요. 인재는 바로 백성의 원망이 치솟아 하늘의 노여움[天怒]이 됩니다. 일단 이런 지경이 되면 군주가 크게 깨닫고 인재를 써서 상황을 바꾸려 시도해 봐도 별 도리가 없다고 하네요. 어쩝니까? 인심을 잃고 하늘이 미워하게 되면 아무리 '선자'라도 되돌릴 수 없는 것이 세상의 이치인걸요. 만시지탄(晚時之歎)만 남을 뿐이지요.

주자는 '이리'(以利), 재물을 최고의 가치로 삼는 폐해를 거듭 밝히기 위해 마지막을 10-23과 같은 문장으로 끝맺은 것이라고 하네요. 나랏일을 맡은 군주가 '의'(義)를 근본적 가치로 여겨야 하는 이유는 뭘까요? 부귀영화, 부국강병은 추구하더라도 원하는 만큼 이룰 수 없고 오히려 재앙이 뒤따르기 때문이지요. 맹자는 나라의 구성원 전체가 '이익'[利], 욕망을 추구하면 그 나라는 위태로워진다고 단언하지요. 서로 싸우게 되어 빼앗고 빼앗기는 약탈만이 남을 테니까요. 생지옥이지요. 휴우, 생지옥에 살면서도 벗어날 줄 모르고 사는 어리석은 사람들이 있지요. 네, 바로 우리 이야기지요.

여기까지가 '평천하'를 푼『대학』전 10장입니다. 길지요. 깁니다. 고생하셨습니다. 그런데 이제 책을 다 읽었고 덮어야 할 시점인데, '평천하'가 무엇인가, 여전히 모르겠네, 하실 수 있습니다. 이렇게 되면 허무해지는데…. 우선 '평천하'의 '平'에 대해 간단하게 복습해 볼까요? '평평할 평'은 '다스리다', '바로잡다'인데, '천하를 안정시키다', '태평하게 하다'로 풀면 무난합니다. '제가'의 '齊', '치국'의 '治', '평천하'의 '平'은 같은 뜻의 동사입니다.

그럼 평천하의 길은 무엇인가? 10장이 너무 길어서일까요? 딱 하나의 문장으로 정리한 것이 없다고 하실 수도 있지요. 하지만 없는 것이 아니랍니다. 우선 '치국'을 본(本), 선(先)으로 삼아야지요. 당연히 '치국'한 이후에 '평천하'가 되니까요. '수신'이 자연히 '제가'로, '제가'가 당연히 '치국'으로 확장된다고 보는 것이『대학』이지요.『대학』은 본과 말, 선과 후의 관계를 중시한다는 것을 기억해 주십시오. '말'과 '후'는 자연스럽게 따라오는 결과로 되어 있지요.

그럼 다시, 전 10장의 핵심어는 무엇인가? 단연코 '혈구'(絜矩)! '평천하'는 10-1에서 말한 '혈구지도'의 확장 과정[推行]이며, 확장의 결과이기도 합니다. '혈구'는 '명덕'(明德)을 자신을 넘어 타자에, 천하에 밝히는 것이지요. 경문 1-4의 '古之欲明明德於天下者'고지욕명명덕어천하자이지요. 그 과정에 '신민'의 정치가 있습니다. 정치가 뭐냐고 물으신다면?『논어』에서 '政'은 '正', '바로잡는 것'이고, '백성들로 하여금 믿게 하는 것'(民信之민신지.「안연」)이지요.『대학』에서는 백성과 호와 오[好惡]를 같이하는 '혈구'의 과정입니다. 좋아하고 싫어하는 것을 같이하는 공감의 과정, 공감의 확산이 정치입니다. 이 능력이 없거나 부족한 분들은 정치하시면 아니 되옵나이다. 본인도 불행해지고 백성과 나라에 재난이 닥쳐오지요. 그것도 천재와 인재가 동시에 이른다니! 자기의 삶이 소중하다면, 공감 능력이 부족한 것을 절감했다면 다시 '수신'의 자리로 되돌아가야겠지요. 주자는 백성과 '호오'의 감정을 공유하게 되면 지배층의 전리(專利), 이익 독점이나 권력 남용은 일어나지 않는다고 봅니다. '혈구'가 안 되면 사리사욕에 눈멀고 귀 막히기 마련이다, 이것이 주자가 『대학』에서 말하는 인간의 모습이랍니다.

'혈구'의 이치가 사회 전반에 확장되어야만 '평천하'가 가능하다! '평천하'는 '서'(恕)의 실천입니다. 이것을 주자는 전 3-5의 난해 구절, '君子賢其賢而親其親군자현기현이친기친, 小人樂其樂而利其利소인락기락이리기리'를 가져와 친절한 설명을 이어갑니다. 군자가 어질게 여기고 가까이하고, 소인이 즐거워하고 이롭게 여기는 것이 '선왕의 정치'이지요. 그런 정치가 지속적으로 행해진다면 나라의 각 구성원이 '기소'(其所), 각자의 자리에서 온전히 살 수 있습니다. '명명덕'을 통해 자화(自化)한 신민(新民)으로. 이것이 바로 '평천하'입니다. '명명덕'과 '신민'을 통해 '평천하'로 가지요. 각자가 자기의 삶을 충실히 살아가는 것. '혈구'의 마음으로 '나'와 '세계'가 감응하는 삶으로 매일 매일이 충만하지요. '평천하'의 세상에서는 개인은 이렇게 살지요. 이 단계에서 '천도', '성'(誠)을 추구하면 『중용』으로 갑니다. '나'와 '세계'의 관계를 '우주'로, 나의 존재론으로 확장하는 거지요. 『대학』의 설계도를 넓게 펼쳐서 크게 크게…. 주자는 『논어』와 『맹자』를 읽은 후에 『중용』으로 가라고 하지요. 하지만 『대학』 경문 1-2에 '知止'가 있으니 바로 『중용』을 펼치셔도 좋겠지요.

사족을 붙이자면, 삼강령의 핵심은 '명명덕', 팔조목의 중심은 '수신'이지요. 나의 내면에 있는 '명덕'을 밝혀야만 '신민', '지어지선'이 되니까요. 격물치지, 성의정심의 '수신'이 '제가', '치국', '평천하'의 본(本)이고 선(先)이니까요. '제가', '치국'은 '신민'의 과정이고 '평천하'는 '지어지선'(止於至善)으로 보시면 되겠네요.

마지막으로 『대학』의 전(傳) 전체 구성을 간략히 살펴보고 이번 강좌를 마무리하겠습니다. 우리의 꼼꼼하신 주자 선생님이 벌써 깔끔하게 정리하셨답니다. 우선 1부터 4까지 네 개의 전에서는 '명명덕', '신민', '지어지선', '본말'을 풀었지요. 이 장들은 『대학』 삼강령의 뜻을 통론(通論)한 것입니다. 나머지 여섯 개의 전 — '격물치지', '성의', '정심수신', '수신제가', '제가치국', '평천하'를 푼 6개의 장들은 팔조목의 공부를 세론(細論), 세밀하게 논한 것이지요. 주자는 전 10장을 통론 4장, 세론 6장으로 만들었고요. 주자는 특히 '격물치지'를 논한 5장과 '성의'를 논한 6장에 더욱 집중하라고 합니다. 전 5장, 일명 '보망장'은 '명선'(明善), '선을 밝히는 요체'이고 전 6장은 '성신'(誠身), '몸을 성실하게 하는 근본'이기 때문입니다. '성인'(成人),

'대인'(大人)이 되는 공부에 뜻을 둔 초학자들은 '명선'과 '성신'을 급선무로 삼아야 한다는 것이지요. '명선'은 '명명덕'이고 '성신'은 '성의'와 '정심'이지요. 역시 주자 선생님은 '나'의 내면성찰에 집중하라고 하시는군요.

이렇게 2016년 남산강학원 겨울 특강 『대학』 강독을 마치겠습니다. 여러분, 고맙습니다!